慈善创新与共同富裕

何勇 ◎ 著

图书在版编目(CIP)数据

慈善创新与共同富裕 / 何勇著. -- 北京：当代中国出版社，2024.4
ISBN 978-7-5154-1330-3

Ⅰ.①慈… Ⅱ.①何… Ⅲ.①慈善事业—研究报告—中国 Ⅳ.①D632.1

中国国家版本馆CIP数据核字(2024)第046080号

出 版 人	王　茵
责任编辑	陈　莎
策划支持	华夏智库·张　杰
责任校对	康　莹
出版统筹	周海霞
封面设计	回归线视觉传达
出版发行	当代中国出版社
地　　址	北京市地安门西大街旌勇里8号
网　　址	http://www.ddzg.net
邮政编码	100009
编 辑 部	（010）66572180
市 场 部	（010）66572281　66572157
印　　刷	香河县宏润印刷有限公司
开　　本	710毫米×1000毫米　1/16
印　　张	13印张　1插页　126千字
版　　次	2024年4月第1版
印　　次	2024年4月第1次印刷
定　　价	68.00元

版权所有，翻版必究；如有印装质量问题，请拨打（010）66572159联系出版部调换。

推荐序一

何勇同志新作《慈善创新与共同富裕》即将面世，这是一本关于慈善事业如何给社会带来积极影响的书。作者经过大量的研究和深入的思考，最终将此书定名为《慈善创新与共同富裕》。

中国的慈善事业历史悠久，从春秋战国的慈善鼻祖范蠡，到义庄开创者北宋名臣范仲淹，再到元朝的医疗救助和明清时期的民间慈善群体。时至今日，更是涌现出一批批社会贤达、名流、企业家、离退休干部等，默默从事着慈善救助事业。各种慈善群体也如雨后春笋般成长起来。

扶贫济困、尊老扶幼、乐善好施是中华民族的传统美德。慈善事业既是经济事业发展的"晴雨表"，也是调节贫富差距的"平衡器"，在我国人口红利的带动下，慈善红利在我国各地逐渐显现。20世纪90年代，厉以宁教授提出"第三次分配"的概念：通过市场实现收入的第一次分配；通过政府调节实现收入的第二次分配；在习惯与道德的影响下，通过慈善实现第三次收入分配。① 之后这一概念被社会逐渐接受。2019年，

---

① 1992年，厉以宁教授在《论共同富裕的经济发展道路》一文中，首次提出"影响收入分配的三种力量"，在1994年出版的《股份制与市场经济》一书中又做了进一步阐释。

党的十九届四中全会提出，要重视发挥"第三次分配"作用，发展慈善等社会公益事业。

当然，在我国慈善事业发展的过程中，还存在许多问题，比如慈善公益化、市场化运营过程中出现的问题，又如互联网时代的慈善商业化进展，再如构建社会信用共同体的步骤，等等。但中国慈善事业的整体发展是喜人的。随着《中华人民共和国慈善法》的通过和实施，公益创投进入大众的视野，人口红利带动慈善公益事业发展，特别是"造血式"慈善与精准扶贫相融合，使慈善信托业进入"创一代"的家族财富传承计划之中。

由此可见，慈善红利已经在社会各个阶层显现，展示了它对财富的调节功能和对社会的帮扶功能，对文化的传承和百姓的生活也有重要的意义。

陈虹

国家民政部原副部长、国家民族事务委员会常务副主任

中国藏学研究中心党组书记

2022 年 9 月 1 日于北京

推荐序二

《慈善创新与共同富裕》是作者继《文化红利》《中国式合伙人》之后的又一部力作。我拜读《慈善创新与共同富裕》一书，适逢第七个"中华慈善日"[①]。

众所周知，我国是一个文明古国。中华文明5000多年，慈善文化和慈善文明伴随着华夏文化、华夏文明而生并日益发展。《慈善创新与共同富裕》的作者博览群书、融古通今，追寻中华民族古代慈善文明的足迹，聚焦从古至今的慈善事业，历经千年后不但不曾衰落，反而日益发展壮大。哪怕将其放在当今世界的大环境下去考量，也能预判其发展的美好前景。

慈善是通过救济、援助或者捐赠等手段来激发人性"善"的一面，增强人与人之间的友爱互护。慈善有着非常广泛的概念，不仅有

---

① "中华慈善日"于2015年11月在审议《中华人民共和国慈善法》草案时提出，2016年3月16日，十二届全国人大四次会议表决通过了《中华人民共和国慈善法》，该法将每年9月5日定为"中华慈善日"。

"捐",有"助",还有服务。而且,慈善不是单方面的施舍,而是一种互利的共生行为。慈善的首要原则是彼此尊重。今天的慈善红利是全国人民在中国共产党的英明领导下,通过传承、创新、发展中华民族优秀的慈善文化,增强慈善意识,做强做大慈善事业,惠及广大人民群众的第三次社会分配福利。正如习近平总书记指出,共产党人必须牢记,为民造福是最大政绩。我们谋划推进工作,一定要坚持全心全意为人民服务的根本宗旨,坚持以人民为中心的发展思想,坚持发展为了人民、发展依靠人民、发展成果由人民共享,把好事实事做到群众的心坎上。

慈善事业是人们自愿奉献爱心与援助的行为,是从事扶弱济贫的一种有益于社会和人民的社会公益事业。慈善事业是由非政府组织和个人在政府的倡导或帮助、支持下自愿组织和开展起来的,不求回报地去帮助那些在社会上遇到困难或遭遇不幸的人。慈善事业本质上是一种社会再分配形式,是对政府主导的社会保障体系的必要补充。

党的十九届四中全会审议通过的《中共中央关于坚持和完善中国特色社会主义制度、推进国家治理体系和治理能力现代化若干重大问题的决定》①提出,要加强社会保障体系建设,完善社会救助、社会福利、慈善事业、优抚安置等制度;重视发挥"第三次分配"作用,发展慈善等

---

① 《中共中央关于坚持和完善中国特色社会主义制度、推进国家治理体系和治理能力现代化若干重大问题的决定》,新华社,2019年11月5日。

社会公益事业；激励和引导高收入群体增强社会责任感，积极参与和兴办社会公益事业。2016年颁布实施的《中华人民共和国慈善法》，在我国慈善事业的发展进程中，为我国慈善事业的健康发展提供了保障。它明确了发展慈善事业、弘扬慈善文化、规范慈善活动、保护慈善参与者的合法权益，以及促进社会进步、共享发展成果的立法宗旨，为慈善事业的全面转型与发展提供了基本法律依据。

《中华人民共和国慈善法》明确规定"开展慈善活动，应当遵循合法、自愿、诚信、非营利的原则，不得违背社会公德，不得危害国家安全、损害社会公共利益和他人合法权益"，"国家鼓励和支持自然人、法人和其他组织践行社会主义核心价值观，弘扬中华民族传统美德，依法开展慈善活动"。中国特色社会主义的慈善事业，其主体是社会组织或个人自愿提供资金、物品、服务、项目等形式参与公益慈善事业的捐赠等行为，其客体不仅包括社会力量捐赠的财产，还包括社会力量通过奉献时间、技能或专业知识等提供志愿服务，特别是捐赠目标的无偿性即不以营利为目的，得到分配的对象不承担相应代价或回报，更能体现社会主义的人文关怀和道德力量。

慈善事业在我国还处于起步阶段，我国的慈善事业在总体上还处于发展滞后状态，人均捐款数额与发达国家相比还有很大差距，慈善组织内部治理尚不健全，运作不尽规范，行业自律机制尚未成熟，全社会慈善氛围还不够浓厚。特别是新冠病毒感染防控期间慈善领域暴露出的信息披露不足、款物处置迟缓、协调机制缺乏、政府管制失当等问题，亟须进一步探索如何建立政府与慈善组织之间沟通和服务机制，健全完善慈善税收制度，加快完善慈善法律法规。同时，还要加强慈善组织的能力建设，培育良好的慈善文化氛围，要创造更加有利于慈善事业发展的环境，进一步发展社会工作和社会服务，健全志愿服务体系，提高慈善机构的知名度，创新募捐方式，加大慈善事业宣传力度，弘扬中华民族乐善好施、扶危济困的传统美德，努力营造支持慈善事业发展的良好社会氛围，推动慈善事业步入规范、健康、持续发展的轨道。基于此，《慈善创新与共同富裕》一书应运而生。

《慈善创新与共同富裕》一书是对我国慈善事业发展的思考与探索，是作者何勇先生热爱慈善事业、从事慈善活动的深切感悟。他积极投身公益慈善事业，把公益慈善情怀落实到公益慈善行动中，在公益慈善事业的道路上默默奉献，乐此不疲。他发起成立了中关村精准医学基金会，为了实现打造百年慈善组织梦想，体现"一五一十"的爱心和诚信精神，为中关村精准医学基金会注入发起资金1510万元人民币，充分彰显了作者的仁爱之心和做好慈善事业的决心、信心。作者通过《慈善创新与共同富裕》一书积极宣传慈善思想、慈善文化，希望在现代慈善理念指导下，全社会形成慈善事业发展的一个有机整体，健全制度化的慈善和结构化的慈善，确保慈善行为的合法性和合理性，最终达到有效推进中国慈善事业可持续发展的目标，最大限度地满足人们的慈善需求，为实现中华民族伟大复兴的中国梦尽慈善之职，贡献慈善最大的智慧和力量，以期慈善红利共享，共建和谐社会。

蔡顺利

原国家卫生部人事司副司长、健康报社副社长、

中关村精准医学基金会理事长、中国作家协会会员

目 录

第一章　慈善思想：中华优秀传统文化的基因密码

第一节　中国传统文化是"性本善"的文化 / 2

第二节　儒家的仁爱 / 6

第三节　墨家的"兼爱""非攻" / 10

第四节　道家的善恶报应思想 / 13

第五节　管仲的九惠之教 / 16

第六节　法家的仓储备荒与济贫主张 / 19

第七节　近代中西慈善文化的交汇 / 23

第八节　近现代中国慈善文化的更新 / 26

第二章　榜样的力量：中国历史上的慈善名人与慈善团体

第一节　中华慈善鼻祖——春秋末期著名慈善家范蠡 / 30

第二节　东汉光武帝的外祖父樊重 / 33

第三节　义庄开创者——北宋名臣范仲淹 / 36

第四节　明末东林学派同善会 / 41

第五节　清代以育婴堂为代表的社会慈善团体 / 48

第三章　与时代同步：中国慈善事业的发展进程

第一节　慈善家的社会责任 / 54

第二节　公益社会化运营与公益市场化运营 / 57

第三节　"互联网+"时代慈善商业化的发展路径 / 62

第四节　数字时代的公益传播创新研究 / 66

第五节　构建社会信用共同体 / 71

第六节　互联网慈善中的社会信用体系重构 / 75

第四章　与世界融合：慈善事业发展全球化

第一节　《中华人民共和国慈善法》的通过和施行 / 82

第二节　中外慈善事业发展经验比较 / 86

第三节　公益创投的运行机制 / 92

第四节　化解慈善信任危机需要推进公益信托 / 98

第五节　我国慈善事业新的发展机遇 / 101

第六节　新时期中国慈善事业面临的挑战 / 104

第七节　世界慈善事业的发展 / 109

第八节　全球慈善事业发展对我国的影响 / 115

第五章　利国利民：慈善带来的经济红利

第一节　人口红利带动慈善公益 / 124

第二节　慈善前沿新工具 / 129

第三节　社会投资与慈善红利 / 134

第四节　慈善前沿新主题——"善经济" / 136

第五节　利用信用、人才、互联网为公益赋能 / 140

第六节　发展慈善事业，开展多种形式的社会救助 / 143

第六章　共同富裕：慈善推动社会进步与发展

第一节　如何加快发展我国的慈善事业 / 150

第二节　造血式慈善在农村精准扶贫中的参与现状与推进重点 / 154

第三节　建立健全与慈善事业相衔接的社会保障体系 / 158

第四节　积极构建志愿服务保障机制 / 165

第五节　慈善信托的作用及其发展现状 / 171

第六节　慈善组织税收优惠政策 / 176

第七节　慈善信托在家族财富传承中的运用 / 182

第八节　共建和谐社会，共享慈善红利 / 187

参考文献 / 191

第一章　慈善思想：中华优秀传统文化的基因密码

第一节　中国传统文化是"性本善"的文化

在中华民族的精神文明史上，始终伴随着一种慈善文化。它穿透千年岁月，浸润中华儿女的心灵，在苍茫大地上流传着仁爱、崇善的理念，净化世道人心，健全人格国魂。

中国传统慈善文化在诸子百家及佛教的典籍中有着深邃的表述，通过一代一代的教育培育着无数的中华儿女。历史上，慈善文化从民间到官方不断壮大，最终通过统治阶级的提倡和宗教（包括民间宗教）信仰的加固，成就了古代慈善。仁者爱人、仁民爱物、医者仁心、急公好义等中华传统慈善文化和慈善实践，对当代慈善文化建设甚至慈善事业的发展有着重要的借鉴价值。

中国的慈善历史悠久，古代有许多慈善实践家，他们是慈善实践的榜样。中国历史上的慈善文化和慈善实践内容丰富，包括养老、育婴、恤嫠（专门救助寡妇）、助学、义冢、施衣、施医、施棺、施粥、栖流

（专门收留难民）、戒烟等，种类非常多。

从历史上看，慈善文化在中国世代相承、深入人心，是中华文化的一个重要组成部分。数千年来，中华民族历经沧桑却始终巍然屹立，屡遭劫难却越发坚韧不拔，这完全得益于中华民族血脉里的勤劳、勇敢、智慧、善良等优秀品格，也得益于中华民族一直倡导的扶危济困、乐善好施的传统美德。当今社会，经济水平和生活条件已经大大提高，但慈善文化的价值没有削弱，反而更加凸显。梳理、继承和发扬中国历史上的慈善思想和慈善实践，可以给当前慈善文化建设诸多启示。

从现有文献看，"慈善"一词的使用开始于南北朝时期，但行善积德、济世救人等慈善思想的出现就要早很多。先秦时期，儒家、道家、墨家等文化流派分别从自身的学术体系出发，提出了许多慈善思想，包括儒家的仁爱思想、道家的为善思想、墨家的兼爱思想。

中国历史上的慈善实践薪火传传，有史料记载，早在周代就设立了大司徒、遗人、蜡氏等职，分别负责救济受灾民众、救助流浪人员、掩埋无名尸体等事务。可以看出，中国的慈善事业历史十分悠久。在此后的数千年里，中国慈善活动历经朝代变迁，赓续传承，不断发展和壮大。

中国传统文化思想的核心是儒家哲学。对儒家而言，行善是关乎治国理政的大事，正所谓"行仁政"。德行，则是孔门四教之首。孔子曰："子为政，焉用杀？子欲善而民善矣。君子之德风，小人之德草，草上之风必偃。"语出《论语·颜渊篇》，意思是，孔子说："您治理政事，哪里用得着杀戮的手段呢？您只要想行善，老百姓也会跟着行善。"统治阶级的道德品质就好比是风，被统治者的道德品质就好比是草，当风吹到草上面的时候，草就会跟着风的方向倒。

而孟子的"性善论"更是慈善文化的重要思想根源。

故此，在中国古代，慈善一直受到统治阶级的提倡。宋太宗赵光义有诗曰："所作行慈善，见者生钦羡。"

中国宋代金石学家吕大临曾在《横渠先生行状》中记述了宋代大儒张载当祁州云岩县令时的行政要求："政事大抵以敦本善俗为先，每以月吉具酒食，召乡人高年会于县庭，亲为劝酬，使人知养老事长之义，因问民疾苦及告所以训诫子弟之意。"可见在当时，为官者以"善"为先。

《宋史·张戬传》中也记载了张载的弟弟张戬任金堂县令时的作风："诚心爱人，养老恤穷，间召父老使教督子弟。民有小善，皆籍记之。以奉钱为酒食，月吉，召老者饮劳，使其子孙侍，劝以孝弟。民化其德，所至狱讼日少。"

而朱熹在《名臣言行录》中也记载了范纯仁任襄城县令时的作风："知襄城县，教民艺桑，自此人得其利。公去，民不能忘。"

由此可见，在中国传统文化中，慈善文化从上而下，惠及百姓。

南朝宋文学家刘义庆主撰的《世说新语》，它是文言志人小说，是魏晋南北朝时期"笔记小说"的代表作。它保留了很多公益慈善方面的历史资料，宣扬慈善是德行，有德之人"言为士则，行为世范"。

在古代，慈善活动的发展经历了四个时期，即从西周到春秋战国的萌芽期、从西汉到南北朝的初兴期、从隋唐到两宋的发展期，以及从明代到清代的鼎盛期。每个时期的慈善活动由于时代背景不同，内容各有侧重，形式各有特点，但主体还是围绕生、老、病、死、残、穷、灾等方面展开的。一是赈灾救荒，向受灾民众发粮、施粥、散财，即建立专供赈灾的粮食储备制度。如战国的平籴制、汉代的常平仓、隋唐的义仓、宋代的广惠仓、明代的济农仓等。二是恤老慈幼，即针对孤寡老人、遗婴弃儿等群体提供帮助。如南北朝的孤独园、宋代的举子仓、明代的养济院等。三是治病施药，即针对无力负担医药费用的贫民提供救助。南北朝时开始出现专门收容贫病者的机构——六疾馆，宋代则成立了以治病为主的安济坊和以施药为主的惠民药局。四是施棺代葬，即对身份不明者或家境穷困的死者提供安葬帮助。如宋代的漏泽园。

在古代，慈善活动主要由官方承办，但随着社会发展，民间举办的慈善活动越来越多。如唐代的佛教寺院设立了悲田养病坊，集矜孤、敬老、济贫、养疾于一体；宋代的乡绅商贾建立了社仓，专门赈济灾民；明代文人义士成立了同善会，通过集会的方式来筹募善款、救济穷人。

第二节 儒家的仁爱

在中国的传统典籍中,"慈"与"善"是两个词,而且最初也是分开使用的,各具多重意义。

"慈"就是爱的意思,原指父母的爱,后来逐渐发展为普通人之间的关爱。在古代典籍中,有很多有关"慈"的例子,比如《左传·隐公三年》中记载,春秋初年卫石碏谏曰:"君义,臣行,父慈,子孝,兄爱,弟敬,所谓六顺也。"而在《左传·文公十八年》中记载,春秋中期鲁史中说:"父义、母慈、兄友、弟共(恭)、子孝,内平外成。"由此可见,"慈"指的就是父母的爱。而在《左传·成公十二年》中则记载:"享以训共俭,宴以示慈惠。共俭以行礼,而慈惠以布政。"这里的"慈"就不仅仅指父母的爱了,而是指普遍的人与人之间的关心与爱护。

那么,"善"字的本义又是什么呢?是"吉祥",引申为完美、友好、善良等诸多含义。在《论语·述而》中有这样的记载:"择其善者而从之,其不善者而改之。"这句话很多人都知道,其中的"善"就是美好的意思。

在中国,随着文化的发展,"慈""善"二字逐渐被联系到一起,南北朝时期,这两个词常被放在一起使用。比如在《魏书·崔光传》中有这样的论述:"光宽和慈善,不忤于物,进退沉浮,自得而已。""慈善"就有了"博爱之慈"和"乐举为善"的含义。

先秦的儒家和墨家对"慈善"的内涵做过独特的阐释,以"仁爱"为中心的儒家思想不仅是民本思想、大同社会等理论体系的核心,还是中国古代慈善思想最主要的渊源。

儒家思想以人为中心,"仁"是儒家学说的核心,是一种含义极广的道德范畴,也是其最基本的出发点。在孔子的思想中,"仁"的本义和内核就是"爱人",这一论点在《论语·颜渊》中可见,要求人们要相互尊重、相互关心、相互帮助,从而形成与人为善、助人为乐的社会风气。孔子还强调"己所不欲,勿施于人",要求每个人都要通过内心反省来完善和协调社会关系。

孟子则继承并发展了孔子的学说,推动儒家慈善观的新发展。他提出了"仁"是人的内在情感,"恻隐之心"人皆有之,也称为"不忍人之心"。他指出,"所以谓人皆有不忍人之心者:今人乍见孺子将入于井,皆有怵惕恻隐之心;非所以内交于孺子之父母也,非所以要誉于乡党朋友也,非恶其声而然也"(详见《孟子·公孙丑上》)。这种无功利性的

"恻隐之心"正是人们从事各种救济和援助行动的动机，从而也促生慈善行动的"共同价值理念"。

儒家慈善观以"仁"为中心，因此我国慈善文化自古以来就有着高尚的道德伦理标准，孔子"仁者爱人"，孟子"恻隐之心"，后来慈善理论不断完善，儒家慈善思想对中国传统慈善实践产生了重大影响。涌现了许多"救孤恤贫""周急帮困""邻里相帮"的仁人志士，中华民族自此也逐渐形成自己的慈善习俗，比如对鳏寡孤独和贫困、残疾等民众给予扶助的传统风尚。

同时，为了维持社会稳定与社会和谐，早期儒家提出了"富则施广，贫则用节"的倡议，旨在倡导民众合理使用财富，树立正确的慈善观念。借慈善树立理想人格，显示卓越道德品质。孔子主张，"有国有家者，不患寡而患不均，不患贫而患不安。盖均无贫，和无寡，安无倾"（这段话出自《论语·季氏》）。而在《礼记·礼运》中也有记载："大道之行也，天下为公。选贤与能，讲信修睦，故人不独亲其亲，不独子其子，使老有所终，壮有所用，幼有所长，矜、寡、孤、独、废疾者皆有所养。"

"劝人向善""助人施善"，以"仁爱"为核心的儒家慈善思想，"以人为本"的儒家人本思想，在社会主义和谐社会建构中发挥着积极的作用，具有普遍性和超越性。当代中国的慈善事业，必然要在中国传统的"仁爱"观的指导下，以"爱人"为前提，在中国传统的文化背景下，继续弘扬儒家慈善思想的精华，扬长避短、兼容并蓄，肯定人的价值、重视人的尊严、尊重人的自由意志等观点，强调民众发自内心的义行善举，强调人性的自觉，以真正无功利性的、无私的爱，实现利他甚至利天下。因此，以"仁"为中心的儒家慈善观对培养人们的道德情操、提高慈善的人伦价值有着重要意义。

第三节　墨家的"兼爱""非攻"

中国古代百家文化中，儒家提倡"仁爱"，墨家则提倡"兼爱""非攻"。

春秋时期，战争不断，墨子对百姓在战争中所遭受的痛苦深有感触，坚决反对战争。他在《墨子·非政》一篇中写道："以攻伐无罪之国，入其边境，刈其禾稼，斩其树木，残其城郭，以抑其沟池，焚烧其祖庙，攘杀其牺牲。民之格者，则劲拔之；不格者，则系累而归。丈夫以为仆、圉、胥、靡，妇人以为舂、酋。"他详尽描述了那些因战争而被围困在城内的人民的痛苦遭遇。被侵略的战败国，百姓的命运是悲惨的，而那些侵略国的百姓，又过着怎样的日子呢？他们的命运和遭遇其实并不比被侵略的战败国的人民好到哪儿去，一样要面对疾病、创伤、破产、死亡的威胁，发战争财的是那些贵族，受苦受难的总是劳苦大众。

墨子倡导"兼爱""非攻"，他在《兼爱上》一篇中表达，当时国与国之间之所以频发战争，是因为他们"不相爱"。如果想要天下治而不乱，那只有做到"兼相爱，交相利"，以"兼"来代替"别"。"兼"，在墨子看来是大公无私、不分彼此、关心别人如同关心自己一样的高尚品质。具有这种高尚品质的士，墨子称他为"兼士"；具有这种高尚品质的国君，墨子称他为"兼君"。和"兼"相对立的是只顾自己、不为旁人设想的自私自利的恶劣品质，墨子把这种品质叫作"别"。具有这种坏品质的士，墨子称他为"别士"；具有这种坏品质的国君，墨子称他为"别君"。墨子把战争的起源、社会的不合理现象都归结为道德品质问题，是以主观臆测对待客观存在的实际问题。墨子从善良的愿望出发，反对不义的战争，把反对战争的理论基础安放在"兼爱"的学说上，却没有能够找到侵略战争和互相争夺的社会根源。他认为世间之所以有战争，是因为人们不明白"兼爱"的道理。墨子把社会混乱的根源归结为人类的认识错误，这显然是不符合事实的。墨子的"兼爱"主张并不难懂，可是墨子锲而不舍的精神却不是人人都能够效仿的。

他在《非攻上》一篇中，曾生动详尽地论证了战争是亏人而自利的，他反对统治阶级的侵略和掠夺，为劳动者、小生产者的利益着想。他希望实现和平，希望"饥者得食，寒者得衣，劳者得息"。也就是说，劳动者要能获得起码的生活条件。墨子憎恨侵略战争、向往和平，直到今天，他倡导的"兼爱""非攻"依然鼓舞着我们。如果用一句话来概括墨子哲学的全部精华，那就是他热爱和平、反对侵略。

墨子热爱和平、反对战争、反对侵略的思想，体现了中国古代劳动人民朴质、善良、坚贞不渝的性格。

当然，墨子的"非攻"也不是无条件地反对一切战争，而是反对"强凌弱，众暴寡"的非正义的战争。他并不反对抵抗暴力、保卫和平的战争。不但不反对，而且用实际行动来支持抵抗暴力、保卫和平的一方。讨伐人民的敌人，其性质和侵略战争根本不同，如果混淆了这两者的根本区别，那就是不知"类"。

事实上，历史总是沿着必然的规律，向既定的方向前进。墨子的主观愿望是好的，他是一个同情人民、有善良愿望的思想家和政治活动家，但他无法科学地认识历史发展的必然方向，因而他反对战争的理想固然反映了一部分现实情况，却对消灭或避免战争提出了极不现实的办法，那就是他企图消除一切侵略战争发生的根源。

墨子留给后代的，是反对侵略战争，反映了广大人民正义愿望的"非攻"主张；他倡导的"兼爱"思想，是墨家学说中最强有力的核心部分，其为中国传统的慈善文化奠定了坚实的基础。

第四节　道家的善恶报应思想

古语有之："举头三尺有神灵""天网恢恢，疏而不漏""人在做天在看"。实际上，这些都是中国本土宗教——道教所倡导的。中国是一个传统的农耕文化国家，农业经济的稳定性形成了以血缘家族为纽带的社会组织结构，道教作为中华民族的本土宗教，对中国传统文化的发展和传承起到了巨大的推动作用。

道教早期的理论大都出自道教经典《太平经》。《太平经》又名《太平清领书》，是西汉末至东汉顺帝时，相传由方士于吉等逐渐增益而成的一本书。《太平经》内容宏大，不仅有先秦阴阳五行家的神仙家，还有道家、墨家及儒家学说，内容多而杂，杂而不纯。其中有很多利用神道设教的方式宣扬天人合一及善恶报应的思想，除了神仙信仰外，还触及世俗社会的政治经济等问题。其中的精华部分，真正对传统文化，尤其是对中国的慈善文化起着重要影响的是道教的善恶报应思想。

道教善恶报应的主体体现在家族的血缘关系中，也就是说，它将"报应"的范围规定在现世、来世及个人、家庭的范畴之内。《太平经》写道："人居天地之间，从天地开辟以来，人人各一生，不得再生也……夫物生者，皆有终尽，人生亦有死，天地之格法也。"因此，道教的善恶报应思想与中华民族传统的家族伦理思想密切相关，其善恶报应的主体体现了家族血缘关系，是以整个家族作为善恶报应的对象。道教认为善恶之报是由先人决定的。在《太平经》中还有这样一句话："善者自兴，恶者自病。"意思是行善之人身体健康、事业兴旺，而做了恶事的人就会遭到疾病的惩罚。道教善恶报应的作用对象不单指向做这件事的个人，还包括其后代。就是说任何人的善恶行为都会对其后代子孙产生影响，今人的祸福是先人行为的结果，祖先的过失，由子孙承担其后果，这就是道教特有的"承负"报应思想。《太平经》里这样写道："承者为前，负者为后；承者，乃谓先人本承天心而行，小小失之，不自知，用日积久，相聚为多，今后生人反无辜蒙其过谪，连传被其灾，故前为承，后为负也。负者，流灾亦不由一人之治，比连不平，前后更相负，故名之为负。负者，乃先人负于后生者也；病更相承负也，言灾害未当能善绝也，绝者复起。"意思就是前人的所作所为，对其后代来说有着直接的影响。前人作恶，则由后人承受其恶报，前人有负于后人，后人无辜承受前人之罪，人的福祸是由前人的行为的善恶决定的。

道教以这种方式解释为什么有些善良的人遭受不幸，而为恶之人却安然无恙，这都是因为他们承受了先人的功过。道教由此解释善恶之报的来源，说明世间的善恶和不公都有其原因。从理论上说，道教系统而完整地"承负报应"，对于中国传统慈善理念是一种有益的补充，它以"天人感应"为理论依据，以上天为监督人类行为的主宰，以赏善罚恶作为手段，以整个血缘家族为实施对象，这样有利于宗族家法的实施和延续。

事实上，道家的善恶报应，就是慈善传统在思维高度上予以"神"一样的约束，让人敬畏上天，约束自己的行为，主张行善、积德。

第五节　管仲的九惠之教

齐僖公三十三年（公元前 698 年），管仲开始辅佐公子纠。齐桓公元年（公元前 685 年），管仲得到鲍叔牙推荐，担任国相，辅佐齐桓公成为春秋五霸之首。管仲对内大兴改革、富国强兵；对外尊王攘夷，九合诸侯，一匡天下，被尊称为"仲父"。管仲在齐桓公四十一年（公元前 645 年）病逝，后人尊称他为"管子"，并被誉为"法家先驱""圣人之师""华夏文明保护者""华夏第一相"。管仲在任期间，非常注重经济，反对空谈主义，主张改革以富国强兵。他主持了一系列的政治和经济改革：在全国划分政区，设立军事编制，设官吏管理；建立选拔人才制度，士经三审选，按土地分等征税，禁止贵族掠夺私产；发展盐铁业，铸造货币，调剂物价。

后人把管仲的思想整理成书，即《管子》，这本书被誉为战国时期的百科全书，其中一篇题名《入国》，具体讲述了管仲主持国政后实施的九种惠民政策——"九惠之教"——政府设置专职官员对老人、孤寡、病残、贫困、死难家属进行管理照顾。据记载，管仲雷厉风行，有令必行，他上任四十天，五次亲自检查"九惠之教"的执行落实情况，表现出一代贤相对民众的体贴关爱。

据《管子·入国》记载："入国四旬，五行九惠之教。一曰老老；二曰慈幼；三曰恤孤；四曰养疾；五曰合独；六曰问疾；七曰通穷；八曰赈困；九曰接绝。"

意思是管仲出任国相40年，十分重视实施九惠的教化政策。第一叫敬老，第二叫慈幼，第三叫恤孤，第四叫养残，第五叫合独，第六叫问病，第七叫通穷，第八叫赈困，第九叫接绝。

"九惠之教"是一个社会福利制度的方案，无法论证这个方案是否真正实行，但其内容的细致、方案的完整，即使在今天也是令人叫绝的。

"老老"：年纪在70岁以上的老人，免其一子的征役，每年三个月有官家所送的馈肉；80岁以上的，免其二子的征役，每月有馈肉；90岁以上的，全家免役，每天有酒肉的供应。子女细作饮食，经常询问老人的要求，了解老人的嗜好。老人死了，君主供给其棺椁。

"慈幼"：凡士民有幼弱子女，无力供养成为拖累的，养三个幼儿即可免除"妇征"，养四个全家免除"妇征"，养五个配备保姆，官家发给两个人份额的粮食，直到幼儿能生活自理为止。

"恤孤"：士民死后，子女孤幼，无父母所养，生活不能自理的，就托归同乡、熟人或故旧抚养。代养一个孤儿的，一子免除征役；代养两个，两子免除征役；代养三个，全家免除征役。"掌幼"的官要经常了解情况，对遭受饥寒或身体瘦弱的孤儿进行救助。

"养疾"：对身体残疾、生活不能自理的人，官家将其养在"疾馆"，供给其饮食，直到身死为止。

"合独"：丈夫丧妻的叫作鳏，妇人丧夫的叫作寡，使鳏寡相配，予其田宅而使之安家，三年后给国家提供职役。

"问疾"：士民有病的，"掌病"以君主旨意慰问。90岁以上的，每天一问；80岁以上的，两天一问；70岁以上的，三天一问；一般病人，五天一问。病重者，向上报告，君主亲自慰问。"掌病"的官吏要巡行国内，以慰问病人为专职。

管仲的"九惠之教"对中国传统慈善文化，起到了良好的传承和补益作用，尤其是对幼儿、贫苦者、死于国事或战争的烈士，给予了极大的关怀，他所倡导的尊老爱老、体恤残疾、扶危济困的风尚，成为中国传统慈善文化的重要部分之一。

第六节 法家的仓储备荒与济贫主张

法家是中国历史上研究国家治理方式的学派,提出了富国强兵、以法治国的思想。它是诸子百家之一,被古代大家和近代学者一致认为其为道家分支。

战国时期提倡以法治为核心思想的重要学派,其思想源头可上溯于春秋时的管仲、子产。战国时李悝、吴起、商鞅、慎到、申不害等人予以大力发展,遂成为一个学派。战国末期韩非将他们的学说加以总结、综合,集法家之大成。法家强调"不别亲疏,不殊贵贱,一断于法"。法家是先秦诸子中对法律最为重视的一派,而且提出了一整套的理论和方法,这为后来建立中央集权的秦朝提供了有效的理论依据,汉朝继承了秦朝的集权体制以及法律体制,这就是我国古代封建社会的政治与法治主体。法家思想作为一种主要派系,他们提出了至今仍然影响深远的以法治国的主张和观念,这就足见他们对法治的高度重视。

法家对慈善文化的传承,贡献最大的一点就是法家的仓储备荒与济贫主张。中国自古灾害多发,对以农业为本的古代社会造成巨大影响,为保障经济发展和社会稳定,古代社会逐步形成一整套较为完善的灾害预警、防备和救助体系,包括监测雨雪粮价、仓储建设、发展农业生产、完善灾害奏报与政府救助等。同时,广泛开展的民间救助也对古代社会政府救灾形成重要补充。那些历史上丰富的救灾备荒制度给予我们当今社会开展慈善救灾工作更多的启示。

灾害自古以来就是制约经济发展的重要因素。从中国的救灾史来看,正是因为有了古代法家倡导的防灾救灾相结合的较为完备的灾害救济制度体系,才保障了古代社会的正常运转,保证了华夏民族的绵延不绝。

赋税的减免则是古代用于灾害时期救灾的一种形式,它往往会根据具体灾情大小采取不同的减免标准,主要有全面免除、部分免除以及延迟征收等形式。《汉书·昭帝本纪》记载,始元二年(前85年)政府下诏:"往年灾害多,今年蚕、麦伤,所振贷种、食勿收责,毋令民出今年田租。"明清时期,政府关于减免赋税的标准逐渐规范。清顺治十年,将全部额赋分作十分,按田亩受灾分数之程度酌减。

至于移民就食,总结为以下两种:一种是将灾民转移到粮食丰裕之地,另一种是将粮食送到灾区。前者指政府有组织地安排灾区受灾民众集体转移到粮食充足的地区。比如《汉书·高帝纪》记载,高祖二年(公元前205年),"关中大饥,米斛万钱,人相食,令民就食蜀汉"。隋唐时期，就食之地最多的是洛阳，594—595年，关中地区连续大旱，饥荒严重，隋文帝无奈率百姓就食洛阳。唐高宗、武则天、唐玄宗均有多次就食洛阳的记载。

还有禁遏籴制度。为促进商品流通，政府通常会鼓励商贩运粮到灾区售卖，以增加灾区粮源，平抑地区粮价，防止出现粮价暴涨的情况，影响社会稳定。但有的地方官员为保护本地区的社会稳定，往往存在严重的地方保护主义，担心粮食外流会影响本地粮食市场价格，从而对粮食的流通设置种种限制，甚至在边境设障，严格禁止粮食的外流，这被称为"遏籴""闭籴"。中央政府对此严加禁止，唐德宗曾对此下令，"诸州府不得辄有闭籴"。

当然，也有民间救助制度。民间救助是政府统一组织救灾行为的重要补充，主要指由民间自设机构、自行向灾民发放救灾物资的方式。民间社会的救灾制度，在古代社会主要有四种形式：一是以宗族为代表的血缘性组织的互助活动，二是以"社仓"为代表的区域性组织的互助，三是官僚缙绅与富民的个人捐赠，四是宗教的慈善救助制度。民间的救助活动既是政府救灾的有力补充，也是在伦理道德激励下的自我救助，有助于构建和谐的基层伦理文化，更有助于社会的安定。同时，政府也会对救灾时捐献钱粮的官民予以官位的提升或者荣誉旌表，这种激励制度也使士绅阶层在组织地方防灾救灾活动中发挥极其重要的作用。

古代救灾制度丰富了中国传统慈善行为，对于中国传统慈善文化的传承起到很好的补充。此外，在全球气候多变的当今社会，对国民灾害防范意识的培养依旧意义重大。

第七节　近代中西慈善文化的交汇

近代西方的慈善思想，是由西方传教士传入中国的。多年来，对于传教士的印象，我们都停留在教科书中所谓的"侵略者的先锋队"这一固定形象中，但是随着历史研究的深入，我们发现，虽然英、美、法等国家的传教士给西方的侵略者提供了一定的中国社会信息，但是他们也给近代中国带来了新思想、新观念。明朝末年可以说是基督教传教士来中国传教的第一次高潮，但是随着中国闭关锁国政策的实行，这种发展被遏制了，一直到鸦片战争爆发之前，才有了传教士来华的又一次高潮。传教士在中国传播基督教思想，其中的慈善思想也由此在中国大范围地传播，并被中国的先进知识分子审视、吸收与融合。

传教士在中国开展的慈善事业，主要的内容包括办学校、办医院、收养弃婴、建立孤儿院等。20世纪以后，各教派传教士注重发展医疗事业，例如到1937年，属于法国系统的天主教会在华开办的医院有70余所，床位约 5000 张；同样截至 1937 年，英美传教士所开办的医院达到了 300 所，床位约 21000 张，另有小型诊所约 600 所。这种传教活动给接触这些慈善事业的中国人带来了思想上的冲击，使得中国人开始正确地认识西方传教士传教活动中所包含的慈善思想，从而促使了中西方慈善文化的交汇融合，使得中国慈善文化得到拓展。

首先，慈善救济的内容有所增加，救济对象有所扩大。中国传统慈善救济实施者多是宗教寺院，救济的对象也多是社会上极端贫穷和处于弱势的人群，而近代中国先进分子将儒家民本思想中的慈善思想与西方文艺复兴时期的人文主义融合，更新了近代慈善救济内容，在传统救济内容的基础上加入慈善教育和慈善医疗，其中的典型代表就是曾任北洋政府第四任国务总理的熊希龄创办的香山慈幼院。另外，扩大救济对象也是新的慈善思想的表现方式，相对于中国古代的义塾等机构，它涉及的人群面更大。

其次，在融合西方慈善思想后，中国的慈善文化在救济上逐渐开始教养并重。中国的慈善传统中，只注重对孤、独、矜、寡的救济，较少关注其他弱势群体；在方式上则以提供食宿、医疗为主，注重提供直接的衣食帮助，但是这种方式容易使受众养成懒散的等、靠、要的恶劣习惯，同时也增加了慈善机构的负担，因而这种方式只适用于传统的生产力水平。新思想提倡的"教养并重"是传授给受众能够自立的知识和技能。事实上，中国历史上也有人提出教养兼施的救济政策，如明代文学家、思想家吕坤提出的养济院政策中，就有让受助者自食其力的理念。他主张13岁以上50岁以下被收容在寺庙的残疾人，由官方发给粮食，在寺庙中接受为期一年的技能培训，教授盲人学习乐器和说书技能，腿脚残疾者学习坐着就能从事的工作技能。所以，就这一点而言，中国传统思想和外来思想融合后，对救济方式的积极发展起到了促进作用。

最后，就是选择性救济以及以工代赈的救济方法得以推广。中国传统慈善观念，一律采取平等救济的方式，这种方式使得救济的效率低下，同时还会造成一些救济的不公平。如果是采用选择性救济、以工代赈的方式，就使得被救济者不仅拥有了一定的积极性，而且具备了通过自己的努力改变生活状态的可能。这是一种积极的、更为科学的慈善思想，中国古来有之，只是到了近代，在西方慈善思想传入后，才被不断地发扬光大。

总之，在历史的长河中，中国的慈善文化在不断地发展，不断地拓宽，不断地进步，逐步成为一种社会潮流，并且在各个历史阶段发挥着积极的稳定社会的作用。

第八节　近现代中国慈善文化的更新

近代中国逐渐完善了慈善公益事业,推动救助方式从救济式的慈善向扶助式的公益转型,开始了"授之以鱼,不如授之以渔"的慈善新发展态势。在救助主体上,也由政府向民间转移。在资金来源上,开始寻求多元化发展。在救济范围上,向更为广阔的群体普及。在法规制度上,也制定了专门的法律法规。

1840年鸦片战争的爆发拉开了中国近代史的序幕,内忧外患严重,社会矛盾日益激化,天灾人祸接踵而至,黎民百姓苦不堪言。面对前所未有的救助考验和压力,传统的慈善模式在一批有志之士的推动下,开始了新的探索和转型。受政局动荡、国力衰微等因素影响,这一时期政府实施慈善救助的能力不断趋向弱化;与之相反,民间的慈善力量却得到了快速发展,民间慈善团体不论是机构数量、救助资源还是社会影响,都大大超过了官办慈善组织,成为近代中国慈善事业的主力。由于战祸频发、经济恶化,导致饿殍盈途、哀鸿遍野,因此近代慈善活动侧重于赈灾特别是天灾、兵燹的救济。1904年,中国红十字会成立,其定位就是"战时扶伤拯弱,平时救灾恤邻"。在严重民族危机的强烈刺激下,一些仁人志士认识到"养而不教无异于制造莠民",慈善活动不能仅仅局限于款物接济,而是要调动被救助者的积极性,提高其自身技能,以更好地发挥自强自立、兴业救国的作用。于是,慈善学校、慈善工厂、习艺所、以工代赈等一些新的慈善形式开始出现。应当看到,近代中国慈善事业在机构设置、运作方式、筹款途径、救济手段等方面,明显受到西方慈善事业和外国教会在华慈善活动的影响。

中华人民共和国成立后,旧社会留存下来的慈善机构纷纷被政府取缔、接收或改造,慈善事业被当作"统治阶级欺骗与麻醉人民的装饰品""殖民主义的警探和麻药"遭到全面否定。在计划经济体制的基础上,全国建立了由政府包办的福利救济制度。这种制度虽然对解决当时困难群众的温饱问题发挥了重要作用,但缺陷也十分明显,如政府负担过重、覆盖范围过窄、救助水平过低等。改革开放后,随着政治经济环境发生变化,我国慈善事业也开始自我更新。1994年,《人民日报》专门发表了题为《为慈善正名》[①]的社论。慈善事业的重要性获得政府的充分肯定,社会各界参与慈善活动的积极性逐渐增多,慈善事业从此进入快

---

① 孙月沐:《为慈善正名》,《人民日报》1994年2月24日。

速、全面发展的历史新时期。民间慈善组织形成一个广覆盖、多层次的慈善救助网络，各种慈善项目纷纷涌现，涵盖扶贫济困、安老助孤、救灾赈灾、助学支教、医疗救助等多个领域，诸如希望工程、春蕾计划、光彩事业之类的项目随之家喻户晓，慈善救助力度也不断加大。

作为社会财富再分配的一种形式，慈善在中国有着悠久的历史。改革开放后，一系列社会建设使得民间组织迅速兴起，但由于制度惯性和社会意识惯性的存在，使得慈善组织的制度建设还落后于实际需求，社会慈善理念也还停留在发展中，更新中国慈善文化迫在眉睫。慈善文化的发展可以体现一个国家慈善事业的发达程度，也体现了企业、个人的社会责任感。慈善事业的发展与壮大需要慈善文化的承载和激励，同时，它必然会与社会的人文关怀氛围紧密联系在一起。

当下，正处于更新发展期的中国慈善文化，有效促进了我国慈善事业的可持续发展。

第二章 榜样的力量：
中国历史上的慈善名人与慈善团体

第一节　中华慈善鼻祖——春秋末期著名慈善家范蠡[①]

司马迁曾经对春秋末期著名的"商圣"范蠡有过这样的评价："十九年之中三致千金，再分散与贫交疏昆弟。此所谓富好行其德者……故言富者皆称陶朱公。"范蠡可算是"中华慈善鼻祖"。

之所以被称为鼻祖，首先，因为范蠡做慈善的时间最早。范蠡辅佐勾践兴越灭吴之后，就辞别勾践去了齐国的沿海和陶地，在今天的山东省境内经商致富，直到寿终正寝。司马迁说范蠡"十九年之中三致千金"的"一致"时间，大约在公元前471年，距离今年将近2500年了。范蠡之前，似乎还没有哪位富翁把自己三次赚得千金之财，两次分散给贫穷的朋友和远房同姓的兄弟。

其次，范蠡对慈善历史发展的贡献相当大。范蠡在今山东省境内规模经营水产养殖、五畜产业，还组织货物交易，"十九年之中三致千

[①] 范蠡，春秋末期政治家、军事家、经济学家、道家学者，见百度百科。

第二章 榜样的力量：中国历史上的慈善名人与慈善团体

金"——三次达到了"千金"资产的水平。那个时代，是以贵重金属作为单位衡量资产的。"千金"是一个很大的数目。范蠡不是百万富翁、千万富翁，而是亿万富翁！每一次达到"千金"后，他就把它捐赠出来，然后自己再从头干。捐赠的"千金"，数额之大，是后人难以想象的。范蠡之前、同代、之后，直到今日，还没有哪一个富翁能像范蠡这样慷慨倾囊。

再次，范蠡的动机最纯粹。范蠡之所以能够"三致千金，再分散与贫交疏昆弟"，毫不犹豫，是他本身具有的人生观、价值观所决定的。他选择经商，并不是以取得巨额私利为目的，他只是以此来证明自己的能力，证明自己治国能够取得成功，致富也一样能成功。他还把自己的经商经验写成《致富奇术》《养鱼经》《陶朱公商训》等书籍，传播致富门道。

《史记》注释中记载这么一件事：鲁国有个穷人，名叫猗顿，一直过着"耕则常饥，桑则常寒"的日子。当他听说范蠡很富有，就立即跑去问范蠡有什么方法可以致富，范蠡毫无保留地告诉他，说饲养母畜可以速富，并赠予他启动资金。猗顿听了范蠡的话之后，便大量饲养雌性牛羊，十年时间过去了，他拥有的资产已经可以与王公贵族相比，并因此扬名天下。由这个典型事例可以看出，范蠡助人的动机很纯粹。

最后，历史上对范蠡的评价最高。秉笔直书的太史公司马迁，在简述了范蠡的致富业绩后，赞颂范蠡千金散尽的慈善行为，用"富好行其德"来盖棺论定范蠡，这个评价是很高的，是其他历史人物所没有的。司马迁还说："范蠡三徙成名于天下。"三徙，指范蠡搬迁三个地方生存与发展，每次都散尽千金，取之于民，用之于民，他治国则国兴，治家则家富。范蠡成名于天下，是因为他兴越灭吴、富甲天下、富行其德，前面两项固然可以扬名，"富行其德"却是最重要且最可以扬名的。劳苦大众用"口碑"赞颂范蠡，是发自内心地称颂他。

在当下的市场经济条件下，认真研究、学习、宣扬范蠡"富行其德"的慈善思想和业绩，具有非常重要的现实意义。

第二节　东汉光武帝的外祖父樊重

西汉末年历史人物——光武帝刘秀的外公樊重，也是非常著名的慈善家。樊重善于农稼，爱好货殖。在古代，货殖指经营商业和工矿业。后来樊重将女儿嫁给了南顿令刘钦，生下了东汉开国皇帝光武帝刘秀。樊重因为德高望重，百姓称颂，而被推为"三老"。

樊重性情温和厚道，做事非常讲究法度。他家三代都没有分家，财物共有，长幼有序，尊老爱幼，家里常常像官府一样讲究礼仪，"子孙朝夕礼敬，常若公家"。樊重既善于经营家业，又善于做买卖。他非常节俭，一点儿都不肯有损失浪费，他雇用的仆人或是工人都能人尽其用，家里上下同心合力持家有道，因此樊家的财产和收成每年都是成倍地增长，他拥有的田地多至三百余顷。因为樊家所建造的房舍都是层楼高阁，他便在庄园内挖池养鱼，牧养牲畜，把自己的庄园打理得井井有条。樊重极具前瞻性，曾经为了制作家具栽种梓树漆树的幼苗，刚开始大家都讥讽笑话他，然而过了十多年，梓树和漆树成林，不但樊家可以用其制作家具漆器，还可以对外销售，最后累资千万，成为富翁。而当时那些讥讽他们家的人，反过来却要向他们家借贷购买。

樊重还乐善好施，凡是乡里有穷困紧急的人向他家求助，他都毫不吝啬地帮助他们。樊重在乡里德高望重，人人称颂，活到八十多岁无病而终。临终前，樊重让家人把乡里向他借贷的借据都收集到一起，竟有数百万之多。面对这些借据樊重竟然让家人一把火都烧了。欠债的人家知道这件事后，无不感到惭愧不已，羞愧交加，纷纷到樊家还债。樊重的儿子受父遗命，一律予以免除。

樊重的儿子樊宏①，字靡卿，是光武帝刘秀的舅舅，同样注重修养，德行远扬。刘秀登基后，樊宏兢兢业业辅佐。他为人谨小慎微，严于律己，从来不骄淫奢侈和飞扬跋扈，他时常教导自己的子女："富贵盈溢，未有能终者。吾非不喜荣势也，天道恶满而好谦，前世贵戚皆明戒也。保身全己，岂不乐哉。"

樊宏还倡导了夫妻同穴不同棺的习俗。在东汉以前，夫妻合葬一般是同一棺木，樊宏考虑到亲人去世过久，再一次看到亲人尸身会更加让人伤心。樊宏病逝，临终前他要求薄葬，丧事从简，不用任何陪葬品，并且"与夫人同坟异穴"安葬。光武帝认为樊宏的遗命非常好，并且说道："今不顺寿张侯意，无以彰其德。且吾万岁之后，欲以为式（效

---

① 樊宏，东汉初期大臣，见百度百科。

法)。"以至于后来光武帝去世后,皇后们也都没有合葬,从此便成为习俗。

后汉虽是外戚和宦官最为猖獗的时代,然而在光武帝时期,刘秀的母亲樊氏一族,虽然富贵无比,然而不骄不纵,子孙谦虚谨慎,立心立德,树木树人,以至富贵常在,累代不绝,成为佳话。

第三节　义庄开创者——北宋名臣范仲淹

宋代经济非常发达，在慈善事业方面承袭了唐代旧制，且扩大了官办慈善机构的规模，出现了划时代的变化。宋代专门设立"居养安济院""慈幼局""慈幼庄""婴儿局""举子仓""举子田"等慈善机构。有些救济机构规模还比较大，管理计划也较周密。比如专门收养鳏寡孤独的苏州居养院，南宋淳熙五年（1178年），居养院重建，有房屋310间；有官民捐献的田地1660亩，并募民耕种，每年收租米700多石；还设有医药室，给收留人员治病；亡故者，还买棺材殓葬。宋代在医疗方面还设有惠民药局以提供义诊处方，此处方后改名为"太平惠民和剂局方"。宋代还设有"漏泽园"，用以埋葬贫病死亡、没有亲人料理后事的人。

北宋杰出的政治家、文学家范仲淹①，可称为北宋第一慈善家。提起

---

① 范仲淹，北宋时期政治家、文学家，见百度百科。

第二章 榜样的力量：中国历史上的慈善名人与慈善团体

他，我们就会想起他的千古名句："先天下之忧而忧，后天下之乐而乐。"

范仲淹不仅是北宋中期庆历新政的领袖人物，他还是大军事家，曾戍边西北，担任统帅，抵御西夏。同时，他还是杰出的思想家、教育家，是北宋儒学复兴运动的积极倡导者和参与者。

范仲淹晚年时，在家乡苏州兴办"义庄"，此举开创了宗族慈善的新型组织形式，后世的士大夫纷纷仿效，从而形成了古代中国社会的一种风尚。

那么，什么是"义庄"呢？

用直白的话来说，就是在一个大宗族中，有的富有、有的贫穷，有的混得好、有的混得差，混得好的、富有的就拿出钱来办"义庄"，目的是赈济族人。

范仲淹幼年丧父，母亲改嫁，他苦读诗书及第后，历任地方和中央军政要职，一度官至参知政事，相当于副宰相。北宋皇祐元年（1049年），60岁的范仲淹用自己的官俸收入，在苏州的长洲、吴县等地购置了良田千余亩，将每年所得租米和收入用来助济族人，并兴办义学，设立义宅，这就是"范氏义庄"。

据《范仲淹史料新编》记载，范仲淹曾对人说起："吴中宗族甚众，于吾故有亲疏，然吾祖宗视之，则均是子孙，固无亲疏也，吾安得不恤其饥寒哉。且自祖宗来积德百年，始发于吾，得至大官。若贵富而不恤宗族，何颜以入家庙。"这段话表达了显贵不忘本，饮水思源，回馈宗族的愿望。

当然，在范仲淹之前，也有不少发达的士大夫资助族人，开办义塾等；但直到范仲淹开办"义庄"之后，才形成一种完整的、正规的模式，开启了古代慈善事业的新时代，为各地官绅所效仿。

那么，"范氏义庄"有哪些特点呢？

第一，它是一个由义田、义学和义宅构成的完整的福利慈善体系。义田是为族人提供福利的物质资源，范仲淹捐置的千余亩田地，其后世子孙又不断扩充壮大。义田的福利普惠范氏成员中的每一个人，乃至宗族以外的乡邻也获益良多。

在义田的基础上，又设置义学，为族内子弟提供接受教育的机会，可以视为是对族人精神上的救济。

义宅则是对族内鳏、寡、孤独、残疾者进行收养和安置的场所，类似于我们今天的福利院。

可见"范氏义庄"整个救助体系是十分完善的。

第二，"范氏义庄"制定了翔实的规章制度和管理规定。比如，在范仲淹制定的"义庄规矩"中，就详细规定了：每房五岁以上不论男女，计口每天给米一升；冬衣每口一匹，五至十岁给半匹；族人嫁娶，可得钱二三十贯，尊长丧葬可得钱十五至二十五贯等。

同时设立专门的管理人员,负责管理义庄的户籍、出纳救济物品、登记备案等事宜。这些管理人员一般是由族人选举出来的,道德信誉必须得到公认;并且他们的履职情况需要由十六房族人来考核,只有考核合格,十六房全部出具保名实状,义庄管理人员才能如数领取他们的薪酬,如果考核不合格,则会被扣除一部分薪酬。由此可见,"范氏义庄"的整个管理机制是比较完善的。

顺便提一句,"范氏义庄"赈济保障的广泛性也是比较罕见的。因为在"范氏义庄"以后设立的义庄中,绝大多数都做不到赈济整个宗族的所有成员,一般都只能赈济贫穷、孤寡、残疾的族人。

第三,"范氏义庄"不仅是为族人领取福利、获得助济之所,也是族人子弟上义塾、族人参与祭祖活动的场所。合理的布局规划下,义庄实际上成了当时宗族活动的中心,是凝聚族人向心之所在。

在"义庄规矩"中,就有这样一条规定:"诸房闻不肖子弟因犯私罪听赎者,罚本名月米一年,再犯者除籍,永不支米。除籍之后,长恶不悛,为宗族乡善良之害者,诸房具申文正位,当斟酌情况,控告官府,乞与移乡,以为子弟玷辱门户者之戒。"这就是利用"义庄规矩"来规范族人的行为准则,可见义庄对族人还发挥着教化和约束的作用。

总之,"范氏义庄"作为一个古代民间自发的福利组织,基本具备了现代社会福利组织的完备性,在当时的社会发展阶段,可以说是专业化标准很高的救济机构。

自范仲淹创建义庄后,又经其后世几代人的经营和完善,逐渐演变成古代社会的一种基层组织。其敬宗收族、维护子孙生存、发展宗族教育、延续祖宗血脉的功能,也得到了当时及后世的广泛认同。

在今天,范仲淹的义庄对我们的慈善建设仍有一定的研究参考价值。

第四节　明末东林学派同善会

　　明末清初，我国江南地区的民间慈善事业达到了一个高潮。那时许多具有进步思想的知识分子纷纷成立地方慈善组织，一方面是为了方便互相联络感情，共同反对宦官黑暗统治，组织集会抨击腐败政治；另一方面对社会实施有效救济，遇寒者给衣，饥者给食，病者施药，死者施棺，有的还筹集经费，给贫困儿童办学。在江南的武进、无锡、嘉善、太仓、昆山等地先后出现了"同善会""广仁会""同仁会"等民间慈善团体。这样的团体既不同于国家组建的慈善机构，也有异于宗教寺庙，是我国历史上一种全新的具有志愿性质的慈善组织，是现代慈善事业的萌芽。最为著名的当属东林学派，其主讲高攀龙、钱一本、陈幼学、叶茂才等组织的同善会是最早的具备一定规模和运营规则的民间慈善团体。在明神宗万历年间，同善会由杨东明在河南虞城始办，后来将活动中心迁至江苏武进，活动范围扩大到了无锡、嘉善等江南的许多县区。同善会慈善事业的主要内容是向社会宣扬良好的道德风俗，收养生活无着的贫困孝子、节妇和贫、老、病者，资金由同善会会员集体募捐。

特别值得一提的还有明朝晚期推动、创办了无锡慈善组织同善会的东林学派主讲高攀龙①。他提出的同善会的理念和运营方法，对当时的江南地区乃至全国慈善事业产生了积极而深远的影响。他认为人应行"无为之善"，即不带有任何功利主义目的的善行，不能抱有行善求得回报的预设。行善的目的是让人得心安，此理念方法对后世也有较大影响。

高攀龙，人称景逸先生，一生经历丰富，从万历中兴、东林书院复兴到一连串的政治争斗、宦官魏忠贤专政，他见证了大明王朝从兴盛走向衰败的过程。作为一名品格高洁、才华出众的学者，他在讲学、行善中获得人生的价值，他不仅是东林书院的主要创建者、东林学派领袖、一代儒学宗师，还是同善会的联合发起人和推动者，对江南慈善文化有着深远的影响。

万历四十二年（1614年）春，高攀龙已经53岁，此时的他距离辞官回乡已经20个年头。身在民间，高攀龙深知当时社会的弊病，"如沸鼎同煎，无一片安乐也。贫富尽倾，农商交困"。除了主理东林书院的讲学事宜，他决定为穷困无告的百姓做些事，便与无锡士绅刘元珍、陈幼学、叶茂才等人发起成立了慈善组织——同善会，每季举办一善会，"会者人有所捐，聚而储之，见有隐于中者施之。于是无告之人，寒者得衣，饥

---

① 高攀龙，明朝政治家、思想家，见百度百科。

者得食，病者得药，死者得槥"。

高攀龙制定的同善会规例和劝善讲语，让定期举办的慈善活动变得制度化、透明化，也让更多人愿意参与、支持同善会的活动，这使得同善会得以存续较长时间。

同善会主要有三个慈善"业务"：集会劝善、救济贫老、给棺助葬。在每季的善会上，宣讲善念善行，劝人为善。救济贫老优先有德之人，意在劝善。

同善会如何确定助贫对象呢？贫困且有德行者优先得到救助，道德不良者排除在救济对象之外。"助贫以劝善为主，先于孝子节妇之穷而无告者，次及贫老病苦之人公不收于养济、私不肯为乞丐者。其他一切穷民，力难遍及。"

同善会救助流程大致如下：平日通过走访了解受助对象的真实情况，每季善会活动后五日内即给予帮助，以省酬应之烦。同善会给棺之法有所创新，不是直接给银子买棺材，因为这样容易造成冒领滥用。而是用现银三分之一付给木行置造棺材，较之零买工料颇良；分置四门庵寺，死者猝求，出一小票，立足应急；棺材上写有"同善会某年某季"字样，再以干支编号，领者难于假冒，发者无因勒索。

同善会团队成员主要是无锡本地士绅，大体分工如下。

主会者：同善会总负责人。除了负责管理团队、组织活动，用公费刻会籍，传送会友以公示。担任主会的负责人"不论有爵无爵，但素行端洁、料理精明者,即可共同推举,轮流任事"。

司讲者:在每个季度的善会上,用通俗语言宣讲慈善理念,务使人人易晓,感动善心;并把宣讲语写于大幅纸上,粘贴在善会举办场所的墙壁上。

司籍者:登记入会者个人资料,收取会费,自九分至九钱止。会费约为三份,以二助贫,以一给棺。

据不完全统计,无锡同善会总共举办了一百多次慈善活动,"会友有百余人,人人出自本心自愿"。他们帮助众多贫困无告之人,对本地的善风美俗有正面的推动作用,并对江南地区乃至全国慈善事业的发展产生了深远的影响。

高攀龙所做慈善,不只是创办同善会一事。他常怀仁义之心,凡遇到需要他帮助的人,莫不慷慨相助,不论是对宗亲、师友还是素不相识的寒士,他总是不遗余力,或捐资、代筹,或赡贫、恤孤。

晚明时期的江南地区,灾荒迭发,百姓困苦不堪。万历三十六年(1608年),江南发大水,作为士绅的高攀龙虽无官职,但仍多次上书,发出救荒条议,呼吁访求民间公正有德之人主持赈灾,提出多项切实可行的建议。他还捐出土地,以帮助解除当地应服兵役的人的徭役。

高攀龙意识到防灾比赈灾更重要,朝廷应对此负责,并允许民间自办社仓。他在《申严宪约责成州县疏》中列出丰年积谷、仓谷主守、仓谷管理等多条州县官员应重点关注的问题,如地方官必须"随宜设法,使一县积谷足备一县赈济"。高攀龙熟知以往官方救荒行为中的各种弊端，因此一再强调官民互相监督，尤其不许胥吏插手其中。

高攀龙在其所撰《家训》中说："古语云：世间第一好事，莫如救难怜贫。"他不仅希望富人救难怜贫，而且呼吁朝廷设立养济院，收养鳏寡孤独废疾贫病之人，更希望朝廷能设法解决流落街头的穷民的生存问题。

作为饱读儒家经典的学者，高攀龙的慈善思想主要源自程朱理学，并在同善会的实践中落地。他在《为善论》的开篇中写道："鸡鸣而起，孳孳为善，是吾人终身进德修业事也。"在高攀龙看来，积极行善是他一生修身尚德的方式。他提出："为善必须明善。"即只有先知道什么是善，才能更好地去行善。他认为，善是人的本性，而本性是人心湛然无一物的状态，由此产生仁义礼智。只要明白了这个道理，就是明善。行善就是做到仁义礼智，以此归复到人的本性。

高攀龙认为人应行"无为之善"，即不带有任何功利主义目的的善行，不能抱有行善求得回报的预设。行善的当下让人得心安，"善则安，不善则不安者也。天下有为不善而安焉者？"这对后世的影响极大，清末无锡义赈慈善家唐锡晋奉行善举"不为人知"，至今仍有许多人做好事不留名。可见此慈善观念是古今一脉相承的。

身处晚明乱世，高攀龙深感"当今世道交丧，无计挽回"，尽管如此，他并未消极避世，反而积极救世。在朝则力主革新，为民请命；在野则讲学，劝人为善。

高攀龙常怀仁义、恻隐之心,"出乎家国天下"。他行善的动机一方面是践行儒家理学思想,他认为:"君子之为善,循理也,畏天也,求自慊其心也,自然而不容已也。"君子行善是遵循天理、敬畏天理,追求的是自足自乐,回到自然的天性。另一方面是童年的经历、个人遭遇的危机以及个人品格激发了一个人去行善。

作为一位以天下为己任的儒家学者,高攀龙对慈善有着深刻的认知和实践。从明善到为善,他做到了知行合一,他的精神品格与学术思想对清代的慈善家有着举足轻重的影响;从救荒到联合创立同善会,他用心设计慈善制度,带领一群知识分子探索慈善组织的规范化和可持续性,清代慈善组织的成长、劝善运动的兴起在很大程度上得益于此。

如今,很多人虽然接触过公益慈善,但依然有很多误解,比如认为慈善是有钱人做的事,公益就是免费等。知古鉴今,现代"劝善"也需要学者专家来推动。希望有更多像高攀龙这样好善的学者涌现出来,把象牙塔里的研究延伸到民间的广阔天地。

高攀龙是不幸的,最终未能以学问、慈善挽救当时的社会,明朝在他投水自尽后18年灭亡。高攀龙又是幸运的,明朝印刷术兴盛,他的著作和关于他的记载大都被保存下来。我们也是幸运的,数百年后,通过文字和遗迹,他的慈善思想被传承,越来越多的人得到思想的滋养。

同善会的慈善活动,引起了当时很多国内外学者的重视,日本学者夫马进还专门著有一本小册子《同善会小史》。在同善会的基础上,清代江南民间慈善事业得到大规模发展。据有关史料统计，仅苏州一地，即有各种名目的社会慈善团体120多个，上海地区也有80多个慈善组织。这些慈善组织有的建起育婴堂，专收弃婴抚养，有的办所谓仁济堂、同仁堂，免费供给穷人医药。由于有些地方官员的介入，有些慈善组织资金雄厚，史载乾隆年间无和县的一处育婴堂拥有土地13000多亩，一次即得到官助银12000多两。

明清由士大夫筹办的慈善组织，还定期向广大民众讲学，宣传他们的慈善主张。

第五节　清代以育婴堂为代表的社会慈善团体

清代出现了很多社会慈善团体,比如育婴堂、全节堂、普济堂、广仁堂、义仓等。这里以育婴堂为例,阐述清代社会慈善团体的发展。

育婴堂早在宋代就有雏形,比如"慈幼局""慈幼庄""婴儿局"。到了明清时期,民间慈善事业逐渐兴起。

中国自古便有"尊老爱幼"的传统,《周礼·地官·大司徒》中就提出了"保息六政":"以保息六养万民,一曰慈幼;二曰养老;三曰振穷;四曰恤贫;五曰宽疾;六曰安富。""慈幼"之政举赫然在首,中国的育婴慈幼事业可追溯至此,这是实行系统的社会救济政策的开端。

正式成立的育婴慈幼组织则要算是南宋时期开创的"慈幼局"。《宋史·理宗本纪》中记载:"癸亥,诏给官田五百亩,命临安府创慈幼局,收养道路遗弃初生婴儿,仍置药局疗贫民疾病。"两宋时期的慈幼、养老、济贫等慈善事业可谓风生水起,但到了元代以后又经历了一段衰落期,直到明末清初时,相关育婴慈幼组织才重新焕发生机。

清朝的育婴事业可谓是前无古人的,自 1655 年在扬州成立了第一所育婴堂①以来,17—18 世纪,育婴堂逐渐成为清代慈善事业中数量最多且分布最广的慈善组织。在当时,除东北、西北等较为边远的地区之外,全国的大部分省份都建有相当数量的育婴堂。

创设育婴堂的目的主要是收养社会上的弃婴,但不包括儿童,这与近代的孤儿院的性质有所不同。清代之所以大规模修建育婴堂,是因为当时社会普遍存在着溺婴与弃婴的陋习。溺婴的现象在各个朝代都可以见到,是一直以来普遍存在的社会问题,但到了清代,这种风气更加肆虐。清代时期人口增长过快而人均耕地面积相对较少,人口出生率却一直居高不下,而自古重男轻女的观念也在其中起到了推波助澜的作用,因此所溺、所弃者也大多为女婴。施南知府张观钧对此感慨道:"女曰婴,男曰孩,男之贫无以养,间亦有育之者,女则弃之而已。"

清代对于育婴堂的管理经营制度是比较完善的。首先,育婴堂的育婴模式主要分为堂养、寄养和自养。

堂养与寄养都是由乳妇来哺育。由于育婴堂对乳妇择取要求较高,当时出现了一群哺育弃婴的职业乳妇。乳妇大多要求年龄在 20—30 岁,有亲身育乳经历三年者,并需经官媒推荐,由里甲、亲族和邻里担保。为保证哺育的质量,育婴堂负责人还会定期验看乳妇的乳汁是否达到哺

---

① 《育婴堂:明清的弃婴救助探索》,《公益时报》2014 年 4 月 10 日。

育标准。

堂养即雇用乳妇住堂哺育,育婴堂会给乳妇提供食宿及工钱,这是最为普遍的一种育婴方式。寄养则是由乳妇将婴孩接回家中哺养,乳妇也会定期收到补助,这种形式更为灵活,成本也相对低廉。但无论是堂养还是寄养,育婴堂都会对乳妇的哺养情况进行定期检查,并制定了相应的奖惩制度。

还有一种自养的方式,仍由婴孩的亲生父母对其进行哺养,而育婴堂会定期给予补助,避免因生活所迫婴孩成为弃婴或溺婴。

其次,育婴堂运营的行政管理制度是十分先进的,有轮值制和董事制两种管理模式。这些管理人员大多是从当地绅商之中选拔出来的,轮值制管理是由多人进行分月轮值,12人组成一个管理集团,分月轮1人,要求每月当众交接并需轮值人员自己补齐本月亏损部分。但这种轮值的方式多适用于育婴堂发展初期,随着规模的不断扩大,新的董事制应运而生。董事制即选取"孝廉方正""老成有德"之人来管理日常堂务,他们的任期较长,大多为1—3年。

无论是轮值制还是董事制,大都是当地绅商以义务慈善的名义来参与的,因此,他们管理育婴堂事务不仅没有薪俸,并且时常会捐纳补贴。在此情形下,官方往往只是负责监督而不直接参与管理。

由此可见,创建经营育婴堂的经费来源之一就是当地绅商等乐善好施之辈的施捐,且是一项重要来源。清朝初期民间的施捐甚至构成了育婴堂创设运营的主体资金。到了清朝中期，朝廷官员越来越重视民间的育婴慈善事业，于是诏令各地积极建立育婴堂并拨款捐地，各地方的官吏们也会积极捐赠来鼓励民间施捐，官方的财政支持成了这一阶段育婴堂运作资金的主要来源。随着清朝末期社会动荡带来的财政力衰减，民间的捐募重新承担起支撑育婴堂运作的主要角色。官方拨款和民间捐赠都只能作为一次性的固定资金，为了维持育婴堂的长久运营，朝廷或民间也会通过捐赠田地或房产等不动产收取租金的方式来保持长久稳定的经费来源。

育婴堂对于其收养婴孩的保育，是从婴儿时代开始直至一定年龄放归社会。在抚养达到一定年龄后，一方面允许被收养者的亲族将其领回，另一方面也鼓励符合条件者到育婴堂领养，"实非倡优下贱、他乡客籍之人"都可办理领养。对于无人领养的孩童，各个地方有不同的明文规定，大体来说，会安排教其手艺或留心择配。

最后，清代的育婴堂从收养、保育到送遣，其经营管理制度细致且完善，相较于同时期的西方慈幼事业来说有不少值得借鉴的超前之处。例如，1720年，西方传教士殷弘绪对育婴堂的轮值制十分感兴趣，并将它介绍到了法国。欧洲同时期的救济院也是专以收养弃婴为主的慈善机构，但由于没有堂养的乳妇，婴儿只能任由驴车驮往偏远的农村乳妇家中接受哺养，寄居家庭的贫困和长途跋涉的饥寒使得婴儿的死亡率居高不下。

与此同时，在育婴堂的实际运作过程中，也免不了存在一些大大小小的弊病。例如，乳妇的不尽心喂养也会给婴孩造成一些人为因素导致的病亡，而由于官府的参与，贪污腐败和中饱私囊的现象也时有发生。但清代对于育婴事业的重视与创见确实在拯救弃婴方面产生了积极的作用，也成为中国慈善事业史上浓墨重彩的一笔。

第三章 与时代同步：
中国慈善事业的发展进程

第一节 慈善家的社会责任

慈善家精神不仅是"做善事",还是慈善家本人的个人担当和社会责任。那么,对于经营企业的慈善家而言,当社会责任成为自己商业战略的组成部分时,慈善家就会提升自己对于"生意"的理解,以此创造出适合商业可持续发展的良性循环圈。当今社会,中国慈善家的意识已经到达了一个拐点。近年来,随着中国经济的发展,慈善家所担负的社会责任也在逐步加大。

那么,慈善家的社会责任有哪些呢?

第一,当慈善家经营企业,实现财富积累的同时,以其生产经营管理活动为社会提供税收、提供劳动力岗位、提供产品或相关服务,就已经完成了企业最基础的社会责任。正是因为企业行使这种责任,才实现了企业家的社会责任。政府鼓励、保护和支持非公有制经济发展,就是因为企业家也承担着如上的社会责任,使企业这样的组织在整个社会组织体系中具有独特的作用。作为创办企业的慈善家，相应地也就承担了这种社会责任。

第二，整个社会的财富通过慈善行为，进行二次分配甚至三次分配，慈善家有条件也有义务通过诸如捐赠等来服务社会公益事业。社会的教育、医疗、基础设施建设、福利、特殊人群保护、环境保护等领域都需要慈善家的支持。在一些西方国家，已经建立起对慈善家在这一方面行使社会责任的既定期望，并且有一整套完善的制度安排。

第三，慈善家如果是企业家，那他所创办的企业必然是要营利的，因此，保护企业中每个人的利益和权利，就成为一个很重要的问题。在这方面，企业家承担的社会责任就是维护社会的公平、保护每个人的利益和权利。因为这个目标往往与企业的营利目标在操作上有冲突，因而经常会衍生出一系列的劳资冲突，这类冲突又往往成为社会各阶层更广泛冲突的由来。因此，如果越来越多的企业家成为慈善家，那么维护企业劳资关系的基本平衡就是慈善家的社会责任，这就可以更好地抑制资本强权对员工权益的伤害。

第四，慈善家对生态环境、资源结构的保护具有天然的社会责任。很多企业，特别是工业企业，在生产过程中难免对环境、生态、资源结构等造成一定程度的危害或者污染。作为慈善家，就要使自己所创办的企业或者积极倡导其他企业减少或是避免这些危害和污染的发生，对人类的环境和资源予以保护，这是慈善家所应该承担的社会责任之一。

第五,慈善家还要关注社会的公正公平,比如减少违法,减少灰色交易,倡导企业的信用基础,净化社会环境等。慈善家要力争为普通百姓谋福利,力争为社会环境作贡献,倡导反腐,倡导市场规则优先,倡导百姓利益优先,发现和制止利用政策制度和法律条文的漏洞、利用人性的某些弱点,施以金钱等不正当手段来达到企业营利目的。总之,慈善家对于社会的整体净化有着不可推卸的社会责任。

第六,慈善家应担负扶贫济困、兴办教育和救灾赈灾的社会责任。慈善家不都是企业家,企业家也不都是慈善家,但不管是不是企业家,慈善家本身都应具有扶贫济困、兴办教育和救灾赈灾的社会责任。不管是水灾、旱灾,还是在地震、疫情等灾害,慈善家都有不容懈怠的社会责任。因此,对于下一代的教育,慈善家也有责任去扶助、去帮困、去资助。

担负起上述六条社会责任,不仅是慈善家的自觉意识,也是整个社会应该具有的自觉意识。

第二节　公益社会化运营与公益市场化运营

近年来，公益社会化运营与公益市场化运营的争论日益激烈，二者之间究竟有什么差别？哪个更为可行？二者又有什么关系？要回答这些问题，就涉及如何理解公益与社会参与、社会公正的关系，以及政府、市场和公益组织三者的关系。

公益社会化运营和公益市场化运营的差异是什么？在20世纪80—90年代中国城市经济改革全面展开阶段，城市职工的医疗、住房保障等多由国营企业及集体企业承担，这些社会福利造成企业"包袱过重"，在市场竞争中处于不利地位，因此这些福利需要社会化的解决。而且，由于不同企业的经济效益不同，加上一些企业老龄职工又比较多，所以企业较难承担众多职工的医疗费用，这些问题对于新兴的私营企业来说也是难解之题，更难以解决职工的这些需求。因此，公益社会化运营确实是一种合理的方式。

那么，什么是公益社会化运营？我们以医疗为例，社会化指社会作为一个共同体，对于事关人的生命及基本健康之事，承担起共同的责任。主要的实践方式为通过公共财政由国营医疗机构向群众提供免费或低收费的医疗作为主导的方式；通过人民群众共同投入费用，相对分担风险，以社会保险的形式支付医疗费用作为社会主导方式。社会保险还有多种形式，包括社会保险内医疗保险的覆盖面，是否只限于职工，是否强制，政府投入的资源比例有多少，还有提供医疗服务的主体是否以国营医疗机构为主还是包括了私营医疗机构？

在医疗改革中，从20世纪90年代起的改革实际上已经开始了市场化，而且是两端的市场化。一是由于社会医疗保险覆盖率低（特别是保障程度较高的职工医疗保险），所以患者基本上是完全自费或自费比例很高。二是医疗机构。国营医疗机构基本上是以商业模式运作，私营医疗机构则乱象横生。即使是小康之家，一场大病也足以令其立刻返贫。

目前，国家在不断提升社会医疗保险覆盖率。不过，即使社会医疗保险覆盖率提高了，如果供应完全由市场来主导的话，那市场化的医疗仍将乱象横生，一般民众在面对疾病时仍缺乏应有的保障。只有社会保险费率需不断升高，才能应对保险覆盖问题。

然而，公益社会化容易走向僵化，较难及时回应社会问题或满足社会服务的需求。一般而言，政府部门由于医疗需求体系庞大，程序较为繁复，未必能及时回应社会问题和满足社会服务的需求，因此有些人认为政府回应的成本较高。此外,有些社会问题,基于政策惯性或部门利益等因素,政府也未必能够回应或暂时不能做出回应,又或者回应的方法欠佳。

因此,关于究竟是公益社会化运营,还是公益市场化运营,说法各异,各有利弊。通常情况下,有以下三种平衡协调的方式:市场方式、政府放权社会参与、民间主动参与。实际上,这三种方式往往混合使用。

事实上,公益市场化不仅是一种主张,也是一种现象。民间公益慈善属于个人权利范畴。正常的情况下,公益组织有其宗旨,也往往有其特定的关注议题(可能是一个或多个),并具有相应的立场。公益组织本身的决策,无论是从原则上或法律上,均应由会员或理事会共同制定的。公益组织有责任向捐赠者反馈工作开展情况,按照募捐或捐赠时说明的用途和使用范围,合理、负责任地开展工作。需要注意的是,在公益市场化运营过程中,捐赠者仍是公益组织或某项工作的支持者、参与者,而不是消费者或市场经济意义上的投资者。

公益组织需要资源用以支持自身的运作、发展,公益市场化运营有时可能会导致公益组织无奈接受一些捐款指定用于非其优先想做的工作范畴,虽然这些情况可以理解,但仍应坚守不损害公益组织本身的宗旨与立场,尽可能地建立与主要关注领域的联系,并对机构主要关注议题可能产生的影响作出合理的评估。

在现代社会,人人都需要在市场中进行消费,但将捐赠行为视作消费行为，却是在浅化捐赠者的社会参与。在消费者市场中，消费者与消费者之间、消费者与生产者或者经营者之间没有什么联系。但当公众捐赠支持某项公益项目或参与某项慈善事业时，他们可以对捐赠的公益组织进行了解，往往也包含了对公益组织的信任和使命的认同，这样就可能产生持续性的联系，有产生互动的可能。除了一次性的救灾、扶危之外，社区开展工作及进行社群服务等，往往是持续性的，需要持续性的资源投入，捐赠意味着一种伙伴关系，而非买卖式的消费关系。当然，捐赠者不一定对所捐赠的事项都有很深入的了解，与公益组织也未进行深入交流、互动，但重要的是这种联结可深、可浅，可以是多层次的，并保持一种能够提供各种参与形式的开放性。可以是一种支持和参与的网络化；可以构成一个有机的系统。

在公益事业中，捐赠者、公益组织、受助者共同构成了促进社会福祉、社会进步的群体。将公益资源筹募等同市场买卖或投资，虽或可为某些类别的公益工作筹集到资源，却使社会参与变得碎片化，更会窄化公益利益的视野。而如果将捐赠者看作市场经济下的投资者，大额捐赠者就有可能施加不合理的影响，而使公益组织民主参与的原则及宗旨受损。

因此，完全的公益市场化运营也是不可取的，持续的公益工作需要不断探索，正是解决这些问题的重要方式之一。以人文关怀为出发点，寻求更根本的解决之道。摒除市场经济发展中产生的负面影响、社会不平等现象，对市场中不利于社会公正或社会可持续发展的因素进行制衡或纠正。利用公益社会化运营来制衡市场运作，诸如公众参与、公共政策的改善和公共资源投入或再分配等，将公益社会化运营和公益市场化运营相结合，慈善家可以扮演先行的探索者、倡导者，以更广阔的思维、视野与创造力去运营公益事业。

第三节 "互联网+"时代慈善商业化的发展路径

"互联网+"是一个被广泛引用的概念,它代表着一种新的经济形态,指依托互联网信息技术来实现互联网与传统产业的联合,以优化生产要素、更新业务体系、重构商业模式等途径来实现经济转型和升级。"互联网+"将互联网与传统产业二者深入融合,充分发挥互联网的优势,以产业升级来提升经济生产力,从而实现社会财富的增长。

"互联网+"概念的中心词是互联网,它是"互联网+"的出发点。"互联网+"具体可分为两个方面的内容来表述。一方面,可以将"互联网+"概念中的文字"互联网"与符号"+"分开理解。符号"+"意为加号,即代表着添加与联合。这表明了"互联网+"的应用范围为互联网与其他传统产业,它是针对不同产业间发展的一项新计划,应用手段则是通过互联网与传统产业进行联合和深入融合。另一方面,"互联网+"作为一个整体概念,其深层意义是通过传统产业的互联网化来完成自身的产业升级。互联网通过将开放、平等、互动等网络特性在传统产业的运用，利用大数据的分析与整合等手段，试图厘清供求关系，通过更新传统产业的生产方式、产业结构等内容，实现增强经济发展动力，提升效益，从而促进国民经济有序健康发展。

"互联网+"时代慈善商业化的发展路径，就是互联网带来的人人公益时代，人人连接、参与和改变着慈善事业。

北京韩红爱心慈善基金会有一个名为"陪你一起过冬天"的公益活动，是为环卫工人送温暖的公益活动。这几年一同参与活动的有韩红、春妮等一众明星。这个活动是怎么发展起来的呢？这个活动采取的是传统公益活动的典型模式，有固定的流程，即官方发起—民众参与—目标达成—回访汇报。

腾讯公益组织的"99公益日"活动，则是通过腾讯公益平台这个网络社交平台发起的，由腾讯公益联合数百家公益组织、知名企业、文艺工作者、顶级创意传播机构共同发起的一年一度的全民公益活动。它旨在用移动互联网化、社交化等创新手段，以轻松互动的形式，发动全国数亿热爱公益的网民通过小额现金捐赠、步数捐赠、声音捐赠等行为，以轻量、便捷、快乐的方式参与公益。腾讯公益致力于成为"人人可公益的创联者"，成为公益组织和广大爱心网友、企业之间的"连接器"，用互联网核心能力推动公益行业的长远发展。

从以上两个案例可以看出，传统的公益慈善和"互联网+"公益慈善之间的区别，主要在于发起方、参与方式、宣传平台和爱心方式四个方面存在差异。

传统的公益慈善往往都是有官方或者一定的组织发起的，传播范围存在一定局限性，参与者基本上是被动参与，活动方式也相对固定，以捐款或者捐物资为主；"互联网+"公益慈善则对发起者没有严格的要求，组织、个人均可成为发起者，传播渠道、传播范围不受限制，通过自媒体能带来大规模的影响力，而受众的参与方式也是多种多样，以物易物、细微助人，或者其他充满创意的间接捐助方式均可实现。由此可见，"互联网+"公益慈善能做的事情更多，同时也让公益变得越来越好做。

那么，"互联网+"到底给慈善带来了什么？

近两年，我们听到过"冰桶挑战""运动捐""徒步公益"等，这些都是互联网给公益慈善带来的新变化和新形式。互联网的创新属性让慈善形式变得更加丰富和多元化，公益慈善不再是一个需要官方或者组织来牵头才能完成的事情，而是每一个普通用户都可以成为公益慈善中实实在在的一分子，实现自己的价值。

"互联网+"将推动人人慈善时代的到来，人们不再被动地接收信息，更多的是作为信息的传播者。

目前，"互联网+"时代慈善商业化的发展路径已经有两种比较成熟的模式：众包和众筹。

众包的概念是由美国《连线》杂志的记者杰夫·豪最早提出。广义的概念是以群体智慧、基于互联网的广泛参与为核心，通过服务平台提供创意的征集、设计、交换和共享。慈善组织可以利用众包来达成各种目的，包括培养新的志愿者和捐赠人，以及将组织的工作信息传达给更多的人，例如群体贡献智慧和资源的问答类 App、网站等。众包的关键词是"一呼百应"，众包发起方在此发布项目、提供奖励，创意提供方则通过提供信息和任务来实现创新协同。

众筹，即大众筹集资金或群众筹集资金。众筹项目则包括：零售项目、回报精神礼物、账目透明（建立公信度）、讲好众筹故事。

零售项目可以理解为将一个项目"分割"开来进行众筹，主要包含以下几种分割方式：

"为失学儿童筹集每一天的学费"——按照天数分割；

"为小村庄筹集一口水井内每块砖的费用"——按照项目规模分割；

"为失学儿童筹集运动场地租用一天的费用"——按照使用期限分割；

"为失学儿童筹集一本教科书的费用"——按照事务费用分割；

"为早产儿童筹集吸氧 1 小时的费用"——按照受益人数分割。

目前，"互联网+"时代慈善商业化的发展路径还在不断地完善和发展。

第四节　数字时代的公益传播创新研究

以移动互联网为终端的一整套技术，彻底改变了信息传播和人们沟通的方式，并且带来了社会结构深层次的变化，对人们的社会价值观和生活方式都产生了冲击。数字时代，互联网席卷了政治、经济、文化等社会各个层面，接下来就是一场传播的革命。互联网的普及，特别是移动互联网的兴起，对公众参与公益和公益组织的方式产生了重要的影响，使公益传播有了全新的形态、功能和价值。大数据、人工智能、虚拟现实技术和区块链技术的应用，给公益传播带来更多的发展机会和想象力。事实上，互联网在公益传播领域的创新潜力，已经远远超出了我们的想象。5G、大数据、云计算、区块链、人工智能等技术的发展重新定义了人与人、人与物，甚至人与自己的关系。数字化正在影响着整个社会的形态，智能化和大数据为基础的数字社会将会取代工业社会，并逐步改变我们的工作、学习和生活方式。在这个由数据构建的数字社会中，媒体格局、舆论生态、传播技术、受众都会发生深刻的变化，也必将对公益传播产生重大影响。

数字时代的公益传播，将以数据为支撑。当我们购物、跑步、读书、看新闻、做公益，甚至线上办理套餐业务时，都会被推荐似曾相识或者正好需要的信息。这种以大数据为基础，精准推送和有效供给为特征的算法推荐已进入人们的日常生活，成为当前网络传播领域内容分发的重要形式。在数字社会，个性化信息推送将会取代工业社会的大众传播模式。我们依赖数据，也会成为"数据人"，和物品一样被标注，可追溯，网络中的每一个动作都会生成一个"数据"。

我们参与公益捐赠、志愿服务、公益行走等活动时，也会产生海量的非结构性公益数据，包括公益用户数据、内容数据、效果评估数据等。有了这些数据，公益组织可以分析捐赠人习惯，影响捐赠人行为；捐赠人可以明晰善款的收支情况、项目执行情况；企业可以挖掘关联的潜在客户；媒体可以知晓受众的内容偏好；政府可以了解社会问题，完善政策。

数据激发了企业、媒体等主体参与慈善公益的积极性，也会改变慈善公益传播模式。传播主体能准确掌握对谁说、说什么、在哪儿说、怎么说，也知道他们的反馈是什么，及时调整沟通策略，以及制定适宜的筹款或倡导方案。慈善组织可以高效匹配公益信息，也能采取更为有效的公益解决方案，公益传播的精准度和有效性得到大大提升。数字社会万物皆可"媒"。数据将是做好公益传播的核心。

同时,数据信息将成为重要的公益传播内容。大数据促进了多媒体融合,传播手段变得更加多元,内容表现更加丰富。智能化、跨媒介、互动式、体验式成为大数据时代的主要传播方式。图片、视频和文字的联合推送,为公众呈现一个更加立体、生动的公益项目;5G 直播让公众走进公益项目一线,还能实时进行线上筹款。而 VR 的虚拟现实体验,让体验者更能"感同身受"。此外,数据新闻也将打破传统新闻的生产流程。通过对大数据的挖掘,形成了可视化、动态化的数据图表或视频,不仅丰富了公益传播的表达形式,也能让公众更加理性地了解公益,直观地读懂公益。

比如澎湃新闻发布的稿件《53027 条留言背后,网络树洞里绝望者的自救与互助》,利用收集到的 53027 条留言做成数据图形,通过文字表述和数据图表相结合的方式,让民众真切地靠近被抑郁症或者被自杀倾向所困扰的人群。还有广州绿网环境保护服务中心统计发布的绿色数据可查询自己周围的环境数据,包括空气质量、水质量、排污监测、土壤状况等各类指标,这些数据信息成为最具说服力的环保传播内容。

在数字时代,多元主体合作成为必然趋势。多主体和多中心已经成为当前公益传播生态的基本特征。大数据显示,相对时政、科学等内容,公众更加关注民生话题。反映社会现实问题、贴近生活的内容更加受到公众欢迎。在以受众为核心的大数据传播模式下,公益性内容就成了多元传播主体获取公众的关注和认可,这是不得不重视的议题。面对任何一个社会议题的表达,都不再可能是单一主体的发声,必然是政府、企业、媒体、社会组织和公众的多元互动、讨论和协商的结果。这种联合整合了资源,不仅可以丰富传播形式,还能实现跨圈层的传播,扩大了公益传播范围,增加了公益传播的持续性。比如,微公益的公益话题联合传播、蚂蚁森林、小朋友画廊、橙子微笑挑战、为家乡种希望、公益音乐节等都是公益传播合作的优秀案例。

如今,构建传播主体与受众的可持续"关系"尤为重要,实现品销合一势在必行。品销合一原指在商业传播中,同时实现品牌形象打造和产品销售转化。对于公益传播来讲,传播效果指标不仅限于传播影响力带来的人群触达和品牌形象塑造,而且更加看重向公益行动的延伸,使受众行为发生改变和促进社会问题的解决或缓解。

数字时代的传播不再是调研、策划、执行和评估的线性传播模式,而是通过大数据和智能化技术,与受众在动态交流和互动中不断评估和优化的个性化信息沟通,从而获得受众关注,赢得认可,最终触发行动。

这种模式更像是"关系"的构建。公益传播中,传播主体与受众之间建立可持续"关系"尤为重要。而且,公益项目具有的周期性特点也特别适合"关系"的建立。比如,以公益参与者为主要传播对象时,不管是参与者的主动交流,还是被动接收公益传播主体发送的活动信息、参与回馈(证书、感谢信等)和项目反馈,公益传播主体都可以和参与者在很自然的过程中建立持续的"关系",并通过智能化大数据工具对互动信息进行收集、分析,或者是调整互动内容、方式和目标,以提升参与者的参与体验和满意度,促进其对项目理念和价值的认同,进而成为项目坚定的支持者和守护者。公益传播的目标对象还包括管理机构、企业、特定人群等,同样也适合建立"关系"的传播模式。

数字化所带来的变革已经在生产、生活中逐步成为现实,也将会塑造一个全新的公益慈善事业形象。

第五节　构建社会信用共同体

说到慈善事业的发展，就要提及构建社会信用共同体。社会信用体系是一个由社会法律制度、教育、文化以及专业社会信用服务体系等诸多元素构成的社会治理系统，是社会诚信的制度保证。如果没有诚信，那么慈善的公信力从何而来？2014年发布的《国务院关于印发社会信用体系建设规划纲要（2014—2020年）的通知》[1]中就指出：全面推动社会信用体系建设，必须坚持以邓小平理论、"三个代表"重要思想、科学发展观为指导，按照党的十八大、十八届三中全会和"十二五"规划纲要精神，以健全信用法律法规和标准体系、形成覆盖全社会的征信系统为基础，以推进政务诚信、商务诚信、社会诚信和司法公信建设为主要内容，以推进诚信文化建设、建立守信激励和失信惩戒机制为重点，以推

---

[1]《国务院关于印发社会信用体系建设规划纲要（2014—2020年）的通知》，中华人民共和国中央人民政府国务院文件，2014年6月14日。

进行业信用建设、地方信用建设和信用服务市场发展为支撑，以提高全社会诚信意识和信用水平、改善经济社会运行环境为目的，以人为本，在全社会广泛形成守信光荣、失信可耻的浓厚氛围，使诚实守信成为全民自觉的行为规范。在2019年发布的"两会"国务院政府工作报告中明确提出"健全社会信用体系"，指出实施更大规模的减税、着力优化营商环境、推动消费稳定增长等工作任务，须以完善的社会信用体系为保障。我国已取得全面建成小康社会的胜利，加快推进社会信用体系建设，践行社会主义核心价值观，对于建设富强、民主、文明、和谐、美丽的社会主义现代化强国、实现中华民族的伟大复兴有着重要意义。

为了推进中国慈善事业的发展，加快社会信用体系建设，弘扬和践行社会主义核心价值观，完善社会征信系统，2018年，国家发展改革委、人民银行、民政部、中央文明办、中央网信办、最高人民法院、教育部、科技部、工业和信息化部、公安部、司法部、财政部、人力资源社会保障部、国土资源部、环境保护部、住房和城乡建设部、交通运输部、文化部、卫生计生委、海关总署、税务总局、工商总局、质检总局、新闻出版广电总局、体育总局、食品药品监管总局、知识产权局、旅游局、银监会、证监会、保监会、民航局、文物局、国务院扶贫办、全国总工会、共青团中央、全国妇联、中国科协、贸促会、铁路总公司等部门联合签署了《关于对慈善捐赠领域相关主体实施守信 联合激励和失信联合惩戒的合作备忘录》(以下简称《备忘录》)①。

在该《备忘录》中，记录了如下内容。

联合激励的对象：

守信联合激励的对象有两类，一是在民政部门依法登记或认定、评估等级在 4A 以上的慈善组织(以下简称"守信慈善组织");二是有良好的捐赠记录，以及在扶贫济困领域有突出贡献的捐赠人，包括自然人、法人和非法人组织(以下简称"守信捐赠人")。同时，联合激励的对象必须是全国信用信息共享平台核查信用优良的自然人、法人或非法人组织，即无不良信用记录，不属于黑名单、重点关注名单对象。

联合惩戒的对象：

联合惩戒对象为在慈善捐赠活动中有失信行为的相关自然人、法人和非法人组织。

激励措施有 20 条，惩戒措施有 10 条。

实施方式：

1.慈善组织登记机关将慈善组织的认定、年检和评估情况，人民法院将依法判定承担责任的捐赠人、受益人信息，公安机关对依法查处的假借慈善名义或假冒慈善组织骗取财产的自然人、法人和非法人组织的信息，及时上传信用信息共享平台，供实施单位通过信用信息共享平台

---

① 《关于对慈善捐赠领域相关主体实施守信联合激励和失信联合惩戒的合作备忘录》，中华人民共和国中央人民政府国务院政策文件库。

获取联合激励和惩戒对象名单，执行或者协助执行实施细则规定的激励和惩戒措施。

2. 各单位在日常监管中，发现联合激励对象存在慈善捐赠领域违法失信行为的，及时反馈市民政局和市信用办，一经核实，立即取消其参与守信联合激励资格，停止适用守信联合激励措施。

3. 各部门和单位根据各自的法定职责，按照法律法规和相关规定，研究制定本部门具体实施激励和实施（解除）惩戒的方案，明确具体流程、惩戒期限、异议处理、信用修复等内容，增强可操作性。

4. 逐步建立惩戒效果定期通报机制，相关部门根据实际情况定期将联合惩戒的实施情况汇总至公共信用信息平台。

征信系统是市场经济的产物，对于经济健康发展和金融市场稳定的重要性不言而喻，我国经济的繁荣发展也为征信系统的发展提出了更大的挑战。

第六节　互联网慈善中的社会信用体系重构

近年来，电子商务、移动支付、社交网络以及云计算、大数据等互联网技术和新型商业模式正在改变人类的生产、生活方式。各个行业都试图通过互联网思维，重新审视业务、组织、战略等整个业务链的价值和发展空间。同时，现代市场经济也是信用经济。信用经济也是互联网经济发展中不可或缺的基石和安全保障。来自互联网的数据将更全面、准确地反映行为模式、个人动机、同级评价、是否值得信赖等信息，比单纯的过往信贷数据更具有经济价值和社会价值，正在成为人们建立社会信用的新标准。在此背景下发展"互联网慈善"急需重构全面的社会信用体系。

近年来，互联网企业的公益慈善案例不仅取得实效，还做出了创意和新鲜感。比如腾讯做过的"小朋友画廊"公益项目曾经火爆互联网，一组由自闭症"大孩子"创作的绘画感动了很多网友，在微信朋友圈形成了"最美刷屏",募集到超过1500万元善款①;而支付宝的"蚂蚁森林"公益项目,带来的社会影响也不可小觑,它通过用户行走、网络购票、线上缴费等低碳行为的数据测算,其减排量可以给虚拟树浇水,每棵虚拟树长成,支付宝和公益组织就在地球种下一棵真正的树,上线一年多就累计种植真树5552万棵。②而三七互娱开展的"游心公益:边远地区高中自由阅读计划"则持续深耕边远地区高中教育议题,为边远地区高中学校配备了近300个班级的自由图书角,并开展师生阅读交流活动,帮助学生提升阅读能力,多方面综合培养学生形成正确的世界观和人生观,这一计划覆盖了甘肃、四川、贵州、广东西部等边远地区,受益师生近2万人。《今日头条》发起的"头条寻人"公益项目是面向全国发起的一个公益寻人项目,它借助"互联网+"的精准地域弹窗技术,对寻人或寻亲信息进行精准的定向地域推送,依靠今日头条的海量用户,帮助家属寻找走失人员,帮助被救助管理机构救助的疑似走失人员寻找家人。其原理为在走失者失踪地点附近弹窗寻人信息,借助今日头条拥有的7亿庞大用户,大大提升可能目击人员帮助寻人的概率。"头条寻人"成功找到的最年长的走失者为101岁,最年幼的仅3个月大。滴滴出行的助力"互联网+打拐"项目接入公安部儿童失踪信息紧急发布平台"团

---

① "小朋友画廊"H5是腾讯公益、深圳市爱佑未来慈善基金会和WABC无障碍艺途公益机构联合出品的线上线下互动公益项目,是2017年"99公益日"的预热互动之一。至2017年8月29日,活动已募集到超过1500万元善款,共有580多万人参与募捐。

② 徐笛:《蚂蚁森林上线一年多 已累计种下真树5552万棵》,新浪财经,2018年8月16日。

圆"系统，分散在全国 400 多个城市的超过 3 亿多的滴滴用户加入协助警方打拐的行列中来。警方每通过"团圆"系统上报一则儿童失踪信息，滴滴就通过弹窗方式提醒一定范围内的乘客一次；同时，乘客也可以在 App 右上角的消息窗口点击查看警方发布的失踪儿童的相关信息。如果乘客有相关线索可提供，可按照信息页提示，直接拨打民警电话。走失儿童被警方找到后，滴滴则会将这一信息告知所有此前收到过该名儿童失踪信息的用户。互联网在中国发展到现在，我们看到越来越多的互联网企业投入公益慈善事业领域的身影。反过来，互联网企业也给公益慈善带来了新鲜的血液，公益也发展出很多新的特征：首先，现在越来越多互联网企业投入公益事业中，更多地挑起了自身的企业社会责任。其次，以互联网企业为主导的公益活动使得公益的传播宣传手段发生了翻天覆地的变化，而这些变化反过来又推动越来越多的人去了解和支持公益慈善事业。最重要的是，新技术的推广和应用使得公益慈善事业不再曲高和寡，第一次真正地触及和影响大众。这不仅是公益慈善的进步，同样是互联网慈善的伟大之处。

那么，在互联网慈善的大环境下，社会信用体系的重构就显得尤为重要。传统的征信行业模式是由中国人民银行主导设立的社会征信系统和金融征信系统，是国内目前最全面的数据库。它的特点是数据权威性高、数据安全性强，并采用会员制进行数据查询。然而，我国的金融信贷业务无法满足大多数公民和一般民营企业的信贷需求，企业征信的经营范围过于局限，缺少具有全国调查网络、实力雄厚的大公司，绝大多数的征信机构只能开展委托调查。同时，企业征信产品的种类过少，技术含量低。而个人征信市场化程度低，存在民间资本未介入、市场无竞争、征信产品种类少、合法客户群定义太窄、不能用征信数据库进行资本运作等问题。因此社会信用体系迫切需要重构。

"互联网+"的本质是传统产业的在线化、数据化。它具有平等、开放、共享的特点。通过"互联网+征信"不仅可以帮助传统征信行业走出发展困境，同时也有助于促进征信行业的进一步发展。

因此，在互联网慈善的大背景下，传统的征信体系需要进行快速且有效的重构，利用互联网的优势，互联网征信业务未来的发展有无限希望和可能。与传统征信模式不同，"互联网+征信"模式具有数据量庞大、数据来源多样性和广泛性以及数据使用便利性等多种优势。

目前，以互联网企业为核心，融合多种资源和数据展开征信业务。而且，"互联网+征信"的发展模式呈现出多样化的特点，主要可以细分为电子商务平台征信、支付业务征信、社交平台征信以及网络信贷征信等类别。这些平台可以提供便捷的查询模式，让所有参与慈善公益的人可以更加方便、快捷地查询到自己捐赠物资的具体去向，以及该慈善机构的动态和征信情况。

当然，"互联网+征信"模式虽然为征信行业未来的发展提供了新的道路和方向，但是也存在一些问题。比如，互联网企业不能采集个人敏感信息，且数据积累往往深度不够，其征信结果可能缺乏说服力。同时，互联网征信只能对信息使用者进行技术监控，无法在资格审查、查询授权、事后管理等方面进行全面监控，因此很可能出现信息滥用和泄露的情况，存在一定的安全隐患。而互联网征信模型的可靠性也有待检验。尤其是征信主体之间的恶性竞争，也很可能削弱征信的质量。

所以，互联网慈善背景下的社会信用体系重构是一个漫长的过程，"互联网＋征信"的结果能否被金融机构采纳，能否被广泛应用于互联网慈善中，还需要时间的验证。

第四章 与世界融合：慈善事业发展全球化

第一节 《中华人民共和国慈善法》的通过和施行

《中华人民共和国慈善法》(以下简称《慈善法》)[①]是在2016年3月16日，第十二届全国人民代表大会第四次会议上表决通过的，内容是通过《慈善法》草案，明确规定个人不能发起公开募捐，承诺捐款不兑现或被起诉，摊派捐赠任务构成犯罪等。本法自2016年9月1日起正式实施。

《慈善法》是慈善事业的基本法。公益性是一切社会慈善事业的核心理念和根本属性。慈善事业被经济学家称作"社会的第三次分配"。发展慈善事业，对改善贫苦和困难群体的生存状况、缩小贫富差距、缓解社会矛盾、提升社会凝聚力、增进中华民族的团结与融合，发挥着不可替代的重要作用。

大力发展并全面推进中国慈善事业是一个必需的方向，对于当前涌

---

① 《中华人民共和国慈善法》(主席令第四十三号)，新华社，2016年3月19日。

动的慈善冲动以及因慈善而引发的各种矛盾,必须从法律上给予保护、支持和廓清,也就是要进行必要的规制,否则,很可能会产生负面影响,进而打击人们热心慈善事业的积极性。

《慈善法》的通过和施行,进一步明确了慈善组织的法律地位、慈善募捐的主体、慈善募捐的监督机制、慈善事业的主管部门、慈善捐赠活动的程序,明确了捐赠人、受赠人和受益人的权利和义务,规范了慈善事业的准入、评估、监管、公益产权界定与转让、投资、退出等行为。同时,完善了执法程序,规范了执法行为,加强了执法监督,提高了执法水平,依法办理社会团体、民办企业、基金会登记的手续,提高了办理登记的效率等。

《慈善法》第一章第三条规定,本法所称慈善活动,指自然人、法人和其他组织以捐赠财产或者提供服务等方式,自愿开展的下列公益活动:扶贫、济困;扶老、救孤、恤病、助残、优抚;救助自然灾害、事故灾难和公共卫生事件等突发事件造成的损害;促进教育、科学、文化、卫生、体育等事业的发展;防治污染和其他公害,保护和改善生态环境;符合本法规定的其他公益活动。《慈善法》第一章第四条规定,开展慈善活动,应当遵循合法、自愿、诚信、非营利的原则,不得违背社会公德,不得危害国家安全、损害社会公共利益和他人的合法权益。《慈善法》第一章第五条规定,国家鼓励和支持自然人、法人和其他组织践行社会主义核心价值观,弘扬中华民族传统美德,依法开展慈善活动。《慈善法》

第一章第六条规定，国务院民政部门主管全国慈善工作，县级以上地方各级人民政府民政部门主管本行政区域内的慈善工作；县级以上人民政府有关部门依照本法和其他有关法律法规，在各自的职责范围内做好相关工作。《慈善法》第一章第七条规定，每年9月5日为"中华慈善日"。

《慈善法》对慈善组织的组织形式、组织条件、申请登记、负责人员、会计审核等都做了严格的规定，对慈善募捐的资格、采取方式、目的和资金流向都做了明确的规定，对慈善捐赠的捐赠目的、捐赠人、捐赠财产的流向等都做了明确的规定。该法还规定了慈善信托的目的、设立、责任、备案等，同时对慈善组织、慈善服务都做了详细的规定。

在慈善事业的发展过程中，里程碑式的事件就是《慈善法》的通过和施行。《慈善法》是一部慈善事业的基本法。《慈善法》系统地规定了基本的慈善法律制度，它包括慈善的概念、慈善机构和慈善政策等。《慈善法》是针对公益慈善、公益事业的立法，是推动整个公益事业，促进人人有公益慈善的义务、人人有公益慈善的责任的法律。

《慈善法》是社会领域的重要法律，是我国慈善制度的基础性、综合性法律。《慈善法》的出台，是我国慈善事业迈入法治化轨道的标志，将成为我国慈善事业发展史上的一座里程碑，意义重大，影响深远。《慈善法》的出台将为规范慈善活动有序运行、促进慈善事业健康发展提供根本的法治保障，为完善社会领域立法、全面推进依法治国提供重要的制度规范，为打赢脱贫攻坚战、全面建成小康社会提供了坚实的推动力量，为传承中华民族传统美德、培育和践行社会主义核心价值观提供了强大的精神动力。

第二节 中外慈善事业发展经验比较

慈善事业在中外发展史上源远流长。尽管对慈善的界定不一,又因各国政体、宗教、传统、习俗等方面存在差异,所以其内涵与外延不尽相同,理论上也无精确的统一定义,但总体来看,慈善事业是社会成员基于人道主义原则,以无偿捐赠为经济基础、以扶危济困为宗旨的社会公益事业。随着市场体制在全球的逐步确立,社会生产力的不断发展进步,独立于政府和市场之外的民间慈善组织不断发展壮大,沿袭传统慈善内核的现代慈善事业具有新的发展特征。

纵观欧美主要国家,现代欧美国家慈善事业的基本特征主要是:第一,慈善内容丰富。现代欧美国家慈善事业倡导志愿精神,不仅关注社会弱势群体的贫困问题,还延伸至环保、卫生等公共领域。第二,欧美国家慈善事业的功能拓展成兼有实质内容的道德事业和现代社会保障体系的构成部分。第三,欧美国家的慈善事业由政府依法规范操作,由专业组织来运作。

而我国和外国慈善事业的发展经历存在着诸多差异。

首先，文化源头不同。慈善文化是人类共有的传统，其共性虽然不会因时空、地域、民族和国界的不同而产生差异，但通性和共性不能掩盖存在于中西方慈善文化上的明显区别。从文化源头来看，西方国家的慈善文化与基督教文化关系密切。中国的慈善文化则主要源自以儒家为代表的东方文化。相比较而言，西方慈善文化更具有开放性。

其次，以基督教伦理为基础的普遍慈爱友善之心，其关注的范围超出了以亲情和血缘为纽带的家族范畴，进而扩展至社会上的陌生人。而中国的慈善文化更富内敛性，宗族、邻里、亲朋常常是慈善捐赠的受惠者，慈善活动的伦理性更加明显。

再次，西方慈善文化更具有民主性，社会成员普遍参与慈善活动，民间推动慈善事业的传统浓厚；中国慈善文化政治性更强，慈善被融入统治阶级维护政治稳定的治理过程中，官方助力慈善事业的传统历史悠久。

最后，西方慈善文化强调本能意识，中国慈善文化重视教化功能。这两种来自不同源头的慈善文化导致了中西方社会慈善有着不同的发展路径。

特别值得一提的是，在中外慈善事业发展史中，政府承担着不同的角色。政府在推动慈善事业发展过程中起着十分重要的作用，排除政府发展慈善事业的共同做法，由于经济发展水平、市场发育程度、民间组织发展状况以及政策法规完备程度的不同，我国政府在发展慈善事业中的职责定位与管理模式、参与程度与参与方式等方面，都与国外的做法有着显著差异。以美国为例，小政府、大社会的格局形成已久，政府建立起规范，引导慈善事业发展，制定完备的政策法规，规范境内数量庞大的慈善基金会等各类慈善组织，引导国内民众积极向慈善组织捐献等活动，而政府一般不以行政方式直接介入慈善组织的内部管理和慈善捐献活动。

我国由于历史原因，行政力量对于推动慈善事业的发展发挥了极其重要的作用。曾经，国内慈善还带有浓厚的行政色彩，经历过强制摊派的阶段。如今政府的规范和监督角色在不断加强，同时退出了对民间慈善组织的直接参与和具体管理。

由于慈善主体不同，中外慈善事业的发展经验也不同。在国外，有被称为有别于政府部门和以营利为基础建立的企业的"第三部门"，参与和管理慈善事业。此外，社会公众也是慈善事业的重要参与力量。慈善组织作为现代慈善事业的组织载体，其基本职能是充当扶助者与被扶助者的中介，最大限度地培植、开发、挖掘和利用社会的慈善资源，从而实现慈善组织的价值目标。建立制度完善、网络健全、管理先进的各类慈善组织是以美国为代表的慈善事业发达的国家和地区发展慈善事业的重要经验。

对比我国慈善事业的参与主体，与外国慈善主体之间存在着明显区别。在机构总量上，美国和加拿大等国家的非营利性慈善组织都非常多，不仅有各种大型的慈善基金会，如大家熟知的盖茨基金会、卡耐基基金会等，还有各派别教会附设的慈善机构，也有规模较小的社区组织，在医疗卫生、教育环保等方面发挥着十分重要的作用。中国的非营利慈善组织数目则较少，作为全国最大的慈善团体——中华慈善总会，截至2021年底，拥有全国各地460余家会员单位和个人会员。而我国由慈善组织掌握的资金也比较少。国外的慈善组织是自下而上自发形成并依法向政府有关部门登记注册而发起成立的。慈善组织一经注册登记，就要接受严格的监督管理，我国慈善类民间组织的形成则具有显著的行政派生性特征，现存的具有一定规模和影响的慈善组织都与政府行政部门存在着"血缘"关系。例如，中华慈善总会主要依托民政部建立，中国青少年基金会是从团中央分化出来的，中国人口福利基金会脱胎于国家计划生育委员会等，真正来自民间的大规模的福利团体极少。

在组织管理上，美国等发达国家有相对完善的民间组织监督管理、政策法规来规范制约慈善组织。慈善组织每年还必须向国家税务总局详细报告年度预算收支、资产变动以及各项经费的运用情况，并承担按时向捐助者公布财务状况的责任。此外，社会评估机构也会对慈善组织进行监督、调查和研究，并出具测评报告。测评报告是评价慈善基金会的重要标准，也作为向公众发布信息的首要条件。美国慈善组织的一大特色还在于引入现代企业运作理念，强调慈善资金运用效率，有效避免了组织机构官僚化和自我谋利化。中国的慈善组织由于主要依托政府部门、依靠行政权威来从事慈善活动，独立开拓市场的能力十分有限，缺乏有利于提高慈善竞争力的制度建设。在个人慈善参与度上，来自国外的经验表明，个人和企业是慈善捐赠的主体。从个人捐赠情况来看，虽然那些亿万富翁的捐赠行为更能赢得公众瞩目，但最慷慨的捐赠者通常是那些普通人。从企业捐赠情况来看，尽管税制不是慈善捐赠的决定因素，但捐赠免税和高额累进遗产税激励了大量的企业和富人投身慈善事业，税法也促使富有的个人创立基金会。目前，我国企业捐款范围还比较小，这是我国慈善事业落后的重要原因。

慈善事业的管理体制是政府与慈善主体之间的关系，它们制定的各项制度，以及它们在实践中形成的运作格局决定了慈善的发展方向。建立符合国情、促进效率的慈善管理体制是各国慈善事业的发展普遍经验。由于市场机制、政府机制、社会机制，包括第三部门存在着不同的结合选择，各国和各个地区形成了各具特色的慈善事业管理模式，概括起来主要有：美国的民间主导模式、英国的政府—民间合作模式、加拿大的志愿参与模式、新加坡的社会多元合作型模式以及中国香港的政府资助型模式等。从政府角度来看，政府在不同的管理模式中所承担的职责有多有少，不尽相同，但集合各种模式的优点，都以制定合理的规章制度和法律框架为重心，以激励和规范慈善行为为目的，注重行政管理的同时导入司法程序；管理强化政府外在规制约束的同时，注重促进慈善组织的内部制度建设，从而创造有利于慈善事业发展的竞争市场。政府与慈善组织和社会大众互动形成的慈善事业管理体制，有力助推了当地慈善事业的发展。

反观我国，由于受计划经济时代政府包办社会救济和社会福利的制度惯性影响，慈善事业恢复发展以来，沿袭了由政府机构主导慈善事业的格局，形成了制度变迁中的路径依赖，慈善活动、慈善机构多依附于政府，社会慈善公益事业的管理体制不顺畅，机制不够灵活。慈善事业发展中的问题较多，亟须推进管理体制创新，逐步加以解决。

第三节　公益创投的运行机制

公益创投起源于欧美等国家，是一种新型的公益伙伴关系和慈善投资模式，资助者与公益组织合作的长期性和参与性是公益创投的重要特征，它强调资助方与受资助方二者之间不再是简单的捐赠关系，更重要的是要与被投资人建立长期的、深入参与的合作伙伴关系。这种合作伙伴关系带来的是双方的共赢：如果合作伙伴能够更快地成长，则资助者就会更为有效地达到最初设定的社会目标。

除了资金，它还提供管理和技术支持。通过与被投资者建立长期的合作伙伴关系，达到促进能力建设和模式创新的目的。可见，公益创投是公益领域的创业投资。它的投资主体为创业过程中的公益组织注资，帮助其成功创业，并通过投资间接地帮助解决社会问题。公益创投在运作方式上类似商业投资行为，它与商业投资本质上的区别在于其投资目标的非营利性：公益创投不要求回报，或者说是将投资回报继续用于公益事业。

公益创投活动旨在通过创意投标、项目运作、第三方评估等，培育和发展公益性社会组织，促进其规范治理，提升专业服务能力，推进社会发育和成长；创新、延伸公益金的使用方式，提高使用效率，扩大社会影响力，提升公益形象；提倡以人为本、助人自助的公益服务项目，促进社会和谐；通过公益创投，建立政府和社会组织合作共赢的新机制，创新社会管理。

公益创投资助项目的范围包括：

（1）为老服务项目。为老年人提供助残、助洁、助浴、助行、助医、助急等日间照料和居家养老服务；独居和纯老家庭的结对关爱、心理关怀；老年人的健康干预和健康促进；老年人的维权和文化活动，以及其他满足社区老年人的实际需要和提升生活质量等服务。

（2）助残服务项目。残障人士的康复、技能培训和就业、社会融入、残障人士家庭支持、残障人士文化娱乐团队建设等服务。

（3）青少年服务项目。孤残儿童的照料、社区青少年志愿者服务、社区青少年帮教、课外教育、外来务工子弟的助学帮困等服务。

（4）救助帮困服务项目。流浪乞讨人员慈善救助、支出性贫困家庭的救助帮困、为生活困难的居民家庭提供综合帮扶和志愿者服务等。

（5）其他公益服务项目。其他有利于弘扬志愿者精神，有利于维护社区稳定、社会和谐的服务项目。

公益创投与传统慈善捐赠相比，还具有以下三个特点：

一是关注慈善组织自身的运营和长远发展。公益创投组织不仅为慈善组织提供资金来源，还为其提供技术与管理上的支持，因为公益创投组织的目标是通过建立高效持续的慈善组织，实现慈善之树常青。对于我国目前处在初创阶段的大多数民间慈善机构来说，公益创投提供的第一桶稳定资金尤为珍贵。

二是为企业和慈善组织的长期合作建立了稳定的平台。由于深度介入和长期关注慈善组织的发展，公益创投组织比大多数企业都更了解慈善组织的现状及需求，这无疑为希望从事慈善，而又担心资金不能被有效使用的企业提供了极大的帮助，必将促进企业更积极地加入慈善的行列。而且，由于对慈善组织从资金到技术、从管理到流程的全方位支持，公益创投也必然促使慈善组织更公开、透明、有序，从而大大便利了慈善组织和企业之间的合作。

三是将企业社会责任和慈善紧密结合。公益创投是为企业和慈善组织建立的合作平台，天然地为企业实践自身社会责任、塑造自身良好形象提供了一个大舞台。通过长期持续的慈善活动，慈善组织实现了持续发展，社会文明得到了进一步传播，而企业自身也建立了持续正面的社会影响力，这无疑是一个多赢的结果。

可以看出，公益创投关注的不仅是某一次慈善活动的成功，不仅是某一个慈善目标的实现，更是慈善组织自身从事慈善能力的增强，是慈善组织持续发展，不断实现一个又一个慈善目标能力的形成。

公益创投的整个流程，因为其自身具有投资的属性，所以绝不像传统慈善捐赠那样，发端于某一次偶然的事件，止步于财富捐出的那一刻，或止步于某一具体慈善目标实现之时，而是要求实现资金"投入之前严格审查，投入之后持续追踪监督，当每一具体目标完成后及时评估，及时改进"。可以说，只要慈善组织没有实现"完美进化"，公益创投就不会有真正结束的那一天。

总而言之，一方面，公益创投是风险投资模式向公益领域的延伸；另一方面，公益创投也是市场经济领域先进经验向相对"落后"的公益领域的拓展。这种延伸和拓展虽然受到来自投资和公益二者属性矛盾的相互制约，但是将投资领域的经验适当合理地应用到公益领域，其所能产生的良好效果也是毋庸置疑的，这极大地节约了社会成本。

传统公益活动最大的问题就是由于信息不对称造成的效率低下。捐赠者和公益机构通常都是互不了解，捐助者不知道什么样的公益机构从事什么样的公益活动，如何从事这些活动；公益机构也不了解捐助者到底有什么样的意愿和要求，自己到底要怎样做才能满足这些捐赠者的意愿和要求。一方面造成了潜在捐赠者对公益机构缺乏足够的认可，导致许多人想捐而不敢捐，不知道如何去捐，客观上限制了公益机构本就不宽裕的资金来源；另一方面造成公益机构一旦收到捐款就往往当成自己的钱来用，资金使用混乱且低效，甚至出现了部分人将捐款箱当作自家保险柜的事情。

公益创投作为一种投资，一方面要为公益机构提供从技术到管理的多方面支持，另一方面要建立严谨的绩效评估制度，高度重视受捐助公益组织的财务配置、经营效率和长期目标的达成。这就促使公益机构不得不重视自身的内部建设、运营管理和目标实现，从而实现社会资源的合理分配和高效利用。

总之，公益创投极大地提高了公益组织的持久发展能力。加入公益创投就意味着，公益组织特别是我国多数中小公益组织必须挥手告别"自己对自己负责"的自由时代，进入一个接受投资人监督评估、对投资人负责的新时代。公益组织不再仅是一个体现自身成员兴趣、理想或某个大额捐款人意愿的组织，更要成为一个体现投资人要求的高效、有序、不断成长的组织。

这种告别和转变同时意味着，公益组织将享受到来自公益创投组织从头到脚、从里到外、从硬件到软件的全方位支持，享受为其量身打造的管理方式、发展规划和专业知识服务，意味着公益组织在做公益的同时还要注重绩效，在完成目标的同时还要注重如何完成目标，意味着公益组织自身发展能力的全面提升。

因此，如果说现在的慈善领域犹如一块水分入不敷出的干涸之地，那公益创投的出现则如一眼清泉，为这块土地注入了持久的活力。

第四节　化解慈善信任危机需要推进公益信托

近些年，一系列与慈善机构有关的声誉风险事件相继曝光。这些事件不仅引发公众对于慈善机构内部管理的普遍关注，而且对中国慈善事业的发展造成了较大的负面影响。慈善行业与信托行业经营的核心均在于"信用经营"。慈善机构遭遇信任危机，究其原因，既有国内慈善行业发展尚处于幼稚期，行业法律、监管体系不尽完善的外在因素，也有慈善机构自身运作不规范的内在因素。从目前慈善活动开展和实践来看，公众在财产捐赠前端参与多，而对于捐赠财产的使用管理、受助项目实施情况等慈善活动的中、后端缺乏了解。造成这类问题的根本原因在于捐赠人与慈善机构在慈善活动中尚未形成有效的监督制衡机制，导致捐赠人与慈善机构二者之间权利失衡，并逐步演变为公众对于慈善机构的信任度降低。

2001年颁布实施的《中华人民共和国信托法》（以下简称《信托法》）

明确了公益信托在公益事业中的法律地位。借助公益信托，可以有效提升公众在慈善活动中的话语权，加强公众对于慈善活动前、中、后端全面的监督，逐步化解慈善行业面临的信任危机。但 20 多年来，中国的慈善信托发展相对还是比较迟缓。

加强公众对于公益活动的监督权无疑是提升公众话语权的基础。对于公益信托实施监督最基础的方式就是由委托人（捐赠人）直接对公益信托进行监督。《信托法》规定，公益信托应当设置信托监察人，由信托监察人作为受益人代表履行对受托机构的监督。信托监察人一般由具备良好的社会公信力和履行监察人职责所需专业能力的社会组织或第三方中介机构担任。信托公司作为受托人，在开展公益信托的过程中不仅要接受银监体系对相关信托事务处理的监管，还要接受公益事业管理机构的监管。

综合运用多种方式，可以有效保障公众对于公益信托的监督权，与此同时，通过公众与受托机构之间的双向交流，也可以进一步加强双方之间的信息对称性，从而提升公众知情权。在公益信托募集阶段，委托人需要和受托人签署书面信托合同。信托合同不仅为委托人提供公益信托重要信息，而且为委托人后期监督提供参照依据。公益信托正式成立后，受托机构将会定期出具信托事务管理报告，就信托财产管理运用、捐助项目的实施进度等进行信息披露。除了定期信息披露，当信托事务出现重要变动时，包括信托财产遭受重大损失、捐助项目出现异常情况等，都会进行及时信息披露。充分、及时的信息披露可以帮助委托人及时了解公益信托进展情况。在公益信托终止阶段，受托机构需要出具清算报告，就信托财产使用情况、剩余信托财产确认及归属进行说明。

此外，导致慈善行业信任危机的另外一个原因是公众的主动选择权有限。由于公众主动选择权有限，所以无法以市场化的方式来实现慈善机构的优胜劣汰，这就造成了慈善行业"劣币驱逐良币"的现象越发突出。采用公益信托，委托人可以主动要求变更受托人。

同时，在公益信托合同中需要明确约定受托人解任、辞任条件。如果出现受托人在信托事务管理过程中未按照信托合同约定而出现过错等情况，委托人就有权按照合同约定提请公益信托监管机构更换受托人。由监管机构安排新的受托人并监督信托事务交接过程。通过委托人主动行使选择权，实现受托人优胜劣汰，促进公益资源的优化配置。

第五节　我国慈善事业新的发展机遇

《中华人民共和国慈善法》颁布后，我国慈善事业迎来新的发展机遇。

公益活动的形式随着时代的进步发生变化。从由政府组织集体捐赠转变为"民政部门牵头，有关部门配合，社会力量支持，群众广泛参与"的经常性社会捐助活动。

作为公益组织重要筹款对象的企业也积极配合。跨国公司在争夺中国市场的同时，竞相加大在扶贫、教育、环保等公益领域的投入，有的还专门设立了公益部门，鼓励员工参加公益活动。中国本土企业的参与意识也在不断提高。

公益组织本身也得到了巨大发展。从大学校园、城市社区到偏远农村，志愿者队伍不断扩大，志愿服务意识深入人心。

公益组织建立了政府、市场和社会领域三者间的协调关系。慈善事业是现代文明的重要组成部分，发展慈善事业具有重要意义。新时期，慈善事业迎来了重大发展机遇。从党中央国务院将慈善事业发展纳入"十二五"时期的总体部署，到党的十七届五中全会提出"大力发展慈善事业"的要求，《中华人民共和国国民经济和社会发展第十二个五年规划纲要》还明确提出"加快发展慈善事业，增强全社会慈善意识，积极培育公益慈善组织，落实并完善公益性捐赠的税收优惠政策"，政府为进一步发展慈善事业指明了方向，注入了强大动力。近十年来，党和政府对慈善事业的推动不断从政治上为慈善事业的开展扫除了樊篱。

随着国民经济收入水平的不断提高，贫富差距也在不断拉大。对慈善事业而言，共同贫穷的社会或时代只会有个别的慈善活动和行为，而不可能有真正的慈善事业，因为社会成员都需要援助，而社会成员又都不具备援助他人的能力；共同富裕的社会也不需要慈善事业，因为社会成员都具备足够的能力来解决自身的困难；唯有存在着贫富差异的情况下，一方面是有人具备援助他人的能力且需要有适宜的援助途径，另一方面是存在需要他人援助的弱者或不幸者，慈善事业恰恰成了富人和穷人的共同需要。进入21世纪，中国经济一直呈现快速增长。经济的快速发展一方面促成了国民财富的迅速增长，另一方面也导致了社会贫富分化、社会成员收入差距拉大。

当下，我国社会保障制度还不够健全，慈善事业的发展空间还很大。当前我国的社会保障体系还是低水平的、不全面的。一方面，我国社会保障只是保根本，所以当社会成员发生重大灾难时难以满足其需求，这就急需慈善发挥作用；另一方面，我国的社会保障政策尚未实现全覆盖，部分社会成员游离于社会保障政策之外。在保障和改善老年人、残疾人、低收入人群、受灾群众、困难儿童等群体的根本生活，加强对进城务工人员和农村留守老人、留守妇女、留守儿童等群体的保障，加快开展教育、科技、文化、卫生、体育、环保等社会公共事业等方面，要进一步为慈善事业开辟更广阔空间。

而中西方慈善文化的交流与碰撞，更为慈善事业的开展提供了进一步的辅助动力。如今，中西方学者开展文化交流活动日益频繁，国外慈善组织在大陆开展慈善活动增多，为我国慈善事业的开展带来了更加开放先进的理念，带动了我国慈善事业的发展。同时，我国民众赴西方旅游、学习等形式不断增多，他们在感受西方文化的同时，也接受着西方慈善文化的熏陶。2021年8月，比尔·盖茨和巴菲特先生就中国之行，向中国50名富人发出慈善宴会邀请函，虽然在实际捐款数额方面收效甚微，但是晚宴活动作为慈善文化的传播形式，意义是积极且肯定的。这些文化方面的交流活动在很大程度上促进了我国慈善事业的发展。[①]

[①] 李凤桃、王红茹：《美式"慈善宴会"，中国富人可以说"不"》，《中国经济周刊》2021年9月20日。

第六节　新时期中国慈善事业面临的挑战

虽然我国当下的慈善事业存在重大的发展机遇，但同样面临着新的挑战。

首先，我国的慈善事业还不能满足社会救助需求。每年我国都有一些灾民需要救济，还有许多的城市低收入人口，有许多的农村低保户，有数千万的残疾人，以及几亿60岁以上的老龄人口，他们需要政府和社会给予各种形式的救助和帮助。

其次，当下我国的社会支持不能满足慈善事业的需求。国家对于包括慈善组织在内的民间组织的管理模式还处在探索阶段，尽管最近几年在政策层面上国家对慈善事业的支持力度加大，但是在对慈善组织的准入、管理、监督、财税支持等方面的力度依然较小。而法制建设虽然已经有所改善，例如我国出台了《基金会管理条例》《公益事业捐赠法》等，但是离慈善法律法规的完善还有一定差距。市场机制不够完善、财税制度缺乏应有的鼓励效用,企业慈善文化建设的滞后和企业家社会责任感的缺失等各方面原因导致了企业对慈善事业的参与力度较小。此外,尽管一些企业参与了慈善活动,但大多是为宣传企业形象,具有明显的功利性质的公关慈善。相关研究说明,无论是企业的慈善总体参与率还是企业捐赠金额,以及企业捐赠数额与营业收入的比率,都还处于较低水平。另外,公民是慈善事业的主要参与者,个人捐赠是慈善事业开展的基石。但是,目前富人对慈善事业缺乏应有的支持,公民还没有形成现代慈善理念,全社会缺乏对慈善事业经常性的关注和支持,大家的参与形式还仅仅局限于捐款和志愿服务活动,导致总体上我国公民对慈善事业的支持度较低。

再次,社会转型加速对慈善事业形成挑战。慈善事业的开展是现代化、市场化的产物。在西方资本主义国家,慈善事业是伴随着工业革命和资本市场体系的开展而逐渐成熟起来的。我国在现代化、市场化的急剧转型中,在短短几十年内,经历着西方社会几百年的历史巨变,正处于矛盾的多发期。急剧的社会体制改革,持续拉大的贫富差距,数量庞大的贫困人群与弱势群体,老龄化社会的来临及社会保障体制的不健全等原因导致了中国的慈善需求急剧加大。伴随着中国社会的现代化、市场化和城市化进程,中国呈现多元化的社会格局,慈善需求群体也不断分化,慈善需求呈现日益多样化、多元化的发展态势。而我国慈善事业尚处于低级阶段,无论是在慈善作为的领域、满足形式还是效劳对象上都存在很大的缺口，尚不能迎接社会转型加速带来的挑战。

最后，慈善事业专业人才不足，不能满足慈善组织不断壮大的需求。慈善事业的开展，要求数量充足、发育成熟的慈善组织作为载体，但是从现阶段中国慈善组织的发育状况来看，慈善组织总体较为弱小，其中很重要的一个原因是专业人才缺乏。慈善组织如何留住专业人才是一个难题。在我国，高校普遍开设了社会工作、社会保障等相关专业，培养本科学历的优秀人才到慈善领域工作，现实情况却是优秀人才在面对工作待遇低、发展空间小等问题后陆续从慈善组织离职。慈善组织留不住人才，直接导致组织政策延续性差、执行不连贯、慈善行为得不到彻底实施、人心松散、组织文化薄弱等问题出现，慈善组织因此难以可持续地开展工作，从而影响了我国慈善事业的发展。那么，如何适当地提高慈善从业人员的工作条件、工资待遇，如何留住专业人才，令他们在生活质量得到保障的同时，看到慈善事业的未来，这是值得政府、慈善组织和社会共同思考的问题。

当前我国慈善事业的开展既面临良好的机遇，也面临着严峻的挑战。认清当前形势，把握机遇，促进慈善事业的繁荣与发展，实现中华民族伟大复兴，事关每个公民的切身利益。

面对挑战，政府要明确定位，正确发挥职能。政府是慈善事业开展的指导者和协调者，是法制和财税体制建设的推动者，是慈善事业的规划和监督者。政府在简政放权的同时，要在宏观上通过指导和协调，为慈善事业的顺利开展创造良好的外部环境，减少慈善组织活动的盲目性，提高其服务社会的效率，推动出台《慈善事业法》《志愿效劳条例》等法律法规，鼓励各地积极出台促进慈善事业开展的地方性政策法规，形成有利于慈善事业开展的多层次的政策法规体系。完善和落实社会募捐和捐赠的税收优惠政策，解决税收优惠政策落实不到位等问题；推进慈善信息公开制度建设，完善捐赠款物使用过程中的查询、追踪、反馈和公示制度，逐步形成对慈善资金从募集、运作到使用效果的全过程监管机制。

整个社会要加快慈善信息系统建设，完善慈善事业开展的技术支持功能。政府出资，搭建行业共享的信息化平台，通过"云平台"的模式，提供给公益慈善组织使用，降低组织的开发、维护、运行成本，以满足行业组织的根本需求。

重点是加强慈善组织公信力建设，不断拓展慈善资源，壮大志愿者队伍，提高慈善组织内部治理水平。推进慈善信息公开制度建设，重点加强对信息披露、财务报表和重大活动的监管，推动形成法律监督、行政监管、财务和审计监督、舆论监督、公众监督、行业自律相结合的公益慈善组织监督管理机制，对慈善活动中的违法违规行为，要依法严肃查处，以提高慈善组织的公信力；创新慈善募捐形式和载体，吸引公众通过在线捐赠、慈善消费等捐赠渠道奉献爱心；鼓励各界人士参与社区和各领域开展的慈善活动，推动完善专职慈善工作者的人事、福利、薪酬和社会保险政策,增强公益慈善事业从业的吸引力,不断壮大慈善工作者队伍。

最后,宣传慈善文化,普及慈善知识。通过报纸、杂志、电视、网络等,积极推动现代慈善理念和慈善文化进机关、进企业、进学校、进社区,对制作、播出、刊登慈善广告、慈善捐赠公告的行为给予鼓励,并依据国家政策减免相关费用。加强慈善学科建设,制定慈善教育方案,指导学校在德育课程中培育慈善意识,弘扬慈善文化。继续完善和实施"中华慈善奖"的评选表彰,发挥先进典型的示范作用。积极推动慈善周、慈善日等多种形式的慈善宣传活动,营造全民参与慈善的良好气氛。

第七节　世界慈善事业的发展

慈善事业历史悠久，比如美国，其慈善活动的历史几乎和其建国的历史一样长，即使美国的现代慈善事业，也可以追溯到近200年前。美国现代慈善事业始于20世纪初。1911年，"美国钢铁大王"卡内基创立了"纽约卡内基基金会"，奠定了现代慈善事业的基础。在1919年去世前，卡内基累计捐款3.3亿美元，而他创立的"纽约卡内基基金会"至今仍在造福世人。在卡内基的影响下，世界首富比尔·盖茨更是捐出580亿美元。[①]

那么，就拿美国举例，为什么美国有那么多的慈善基金会？首先，没有哪个国家像美国这样，有这么多的财富集中在私人手中，而且集中得这么快。其次，就是思想方面的原因，美国对于慈善事业的教育从小学阶段就有。再次，美国慈善事业的发起者同时也是社会制度的受益者，

---

① 《美国慈善史：从卡内基到盖茨》，凤凰资讯，2008年6月26日。

有很强的主人翁精神，认为自己有责任让社会变得更好。最后，刺激美国富人慈善捐款的是遗产税。美国遗产税于1797年首次开征，当时的目的是为组建美国海军筹集资金。1916年，遗产税成为固定税。美国的遗产税、赠予税实行高额累进制，遗产超过300万美元时，税率高达55%，而且遗产受益人必须先缴纳遗产税，后继承遗产。另外，捐款的个人和公司退税的金额也是有一定限制的。对个人而言，退税的金额基础不得超过其个人收入的50%。比如，你的收入是100万美元，捐出去了80万美元，其中只有50万美元可以按照规定享受一定比例的退税，而其余的30万美元则没有。对企业而言，可以享受退税的上限是税前收入的10%。

在资本主义国家，慈善事业呈专业化发展态势。比如在美国，南北战争后，现代慈善事业开始公益专业化，这一时期的公益慈善事业开始逐渐脱离宗教背景，将捐赠演变为合理化、组织化和职业化等一系列通则，从而逐步解决教育普及、种族和福利政策等特定问题。也就是在这一时期，形成了"科学的公益事业"的说法，主张对帮助对象的情况和需要进行切实的调查，以便对症下药，不滥施慈善。

20世纪初，从科学慈善运动发展出了社会工作这个专业，此专业致力于推动助人的"科学化"，其奠基人玛丽·埃伦·里士满在跨时代巨著

《社会诊断》①一书中倡导：社会诊断是一个科学的过程，社会工作者要在科学的指导下为不同人群提供服务，因此社会工作者需要进行科学的评估、诊断和鉴定。1921年，美国最大的女子文科私立院校史密斯学院授予玛丽·埃伦·里士满荣誉硕士学位时，特别强调评价她"为这一新的专业建立了科学基础"。

虽然"专业"的公益起步之时就以科学为基础目标，遗憾的是，迄今为止，全球公益事业还没被发展成为一个独有的专业。这是由于在知识界，对专业的"特定问题"和规则还存在很大的争议，而且对这些议题的思辨从未停止过。然而，不管它们在认识论和方法论上存在多大的分歧，却从未脱离过对公益事业"科学性"这一核心目标的追求。这意味着不同的知识阵营在"以科学理念和方法解决社会问题"这一层面是达成共识的。

公益专业实践需要立足于科学，公益作为一个以"应用"为核心特征的工作领域，所需的知识体系几乎全部是借用其他学科。作为一个强调人类需求的专业，公益所需的知识来源广阔而复杂，从生物学到心理学，从社会学、经济学到人类学，从生态学到医学等。即使是伴随着科学慈善运动兴起的社会工作专业，在很长一段时间里也被质疑为可有可

---

① 《社会诊断》最早于1917年出版，是个案工作专业化的里程碑，它的问世使个案工作成为正规的社会工作专业教育课程的一部分，从而使社会工作摆脱了以往仅仅是一种"纯伦理"的慈善事业的形象，而成为一门专业。作者玛丽·埃伦·里士满，美国社会工作先驱、个案社会工作缔造者。

无的专业。似乎很难找到一个明确的知识系统作为公益事业的专业基础，正是因为这种复杂性和广阔性，并没有任何一个主要专业可以声称对公益事业进行明确规定。因此，要对公益的专业化做清晰的探讨绝非易事，由于行业共同体缺乏一个具体和统一的知识体系，从而引发行业内部对专业性的焦虑和行业外部对专业性的质疑。

但公益界并没有因为缺乏统一规约和系统性的知识体系而放弃对科学知识的追求，相反却进一步激发了自身对知识性的追求和对专业性的持续反思。第二次世界大战后，有志于社会改革的人们意识到，社会干预的专业性问题更多的在于人与人的关系，而不是人与自然的关系。这样的认知使社会科学在第二次世界大战后得到了普遍重视，人们寄希望于社会科学研究，为更好地解决"特定问题"寻找更加科学的知识和方法。

后来，扎根理论、发展理论等与公益事业相关的理论相继诞生，这些理论和方法极大地拓宽了此前对科学的狭义理解，也极大地丰富了公益事业可以借用的知识系统。这一时期发展出的一些科学方法和工具，其采用的微观视角更能深刻地呈现"特定问题"的结构性和复杂的利益方关系，相比更加宏观的实验法和社会调查法，它们更易被公益实践者接纳和应用，在科学意义上充分指导了实践者的工作。

进入21世纪，互联网的兴起又对各行各业产生了巨大影响，公益事业也不例外。互联网的每个发展阶段均产生了不同形态的互联网公益。

第四章　与世界融合：慈善事业发展全球化

从创新趋势来看，未来互联网会让公益融入用户生活的各个方面。互联网公益背景下，有关科学公益的发展研究，也值得期待。

任何一个有经验的公益从业者都知道，欠缺基于文化的、传统的、本土经验的知识是无法提升公益效能的。在大多数情况下，如果没有这些知识，从业者难以自然地进入工作场域，资金也难以有效地发挥作用，甚至会造成大量资源浪费，给公益事业和参与者本身带来潜在的伤害。而这些知识和经验恰好是公益事业独特的专业性体现，需要在基层长期的实践工作中从当地人那里获取，它在公益事业中是弥足珍贵、不可或缺的知识。"专业的"公益与"非专业"的助人再次被"本土知识"分解。

在公益实践中，存在着正规科学知识与本土知识这种大众科学之间的紧张关系，这种紧张局面被称为二元分隔。正规科学知识的簇拥者，因为欠缺本土知识而无法使正规科学知识在实践中得到最佳应用，而注重本土知识的实践者，因为没有正规科学知识的引导而失去工作的逻辑性、严谨性和规范性。这种将正规科学知识和本土知识进行对立的危险性在于，将公益所需的知识隔离和分化，因而在行业应对社会问题时，两种知识无法得到有机整合，导致公益效能无法得到提升，公益知识无法生产，公益的专业性也无法建构，最终使追求"专业性"的公益项目再次沦为"非专业"的助人活动。

社会学家亚历山大·杰弗里的多维视角理论或许能化解这种紧张局

面：我们要看到科学是两极之间的连续体，这个连续体的一端是抽象的、概括性的、形而上学的因素，另一端是具体的、经验性的、事实性的要素，而科学话语的其他要素，包括模型、理论、命题、方法论、假设和观察性陈述等，则位于这两端之间。这个科学连续体既包容了不同类型的知识，又清晰地呈现和阐释了一个科学光谱图。基于这一启发，公益的专业性就对实践者提出了新的要求：既要在宏观层面理性理解公益事业在社会发展进程中的意义和内涵，又要在组织和社区这样的中观层面有逻辑、有目标、有计划地实施项目，同时在微观层面，从业者要能够用专业方法，规范地、严谨地帮助个人、家庭或者小群体开展项目活动面对的具体工作。这也就意味着，公益的专业性要求实践者要了解如何从其他学科借鉴知识和理论，并有能力科学地运用相关研究发现。当然，公益的专业性追求也给社会支持资源新的希望：要构筑支持资源平台，将研究发现和知识以更加有效的方式传递到实践者手中。

第八节　全球慈善事业发展对我国的影响

提起全球慈善事业，人们自然就会想到世界三大主流财经杂志——《福布斯》《财富》和《商业周刊》的全球慈善家及慈善企业排行榜，谈到赫赫有名的安德鲁·卡耐基、比尔·盖茨、戈登·摩尔、沃伦·巴菲特、乔治·绍罗什、詹姆斯·斯托尔斯等"慈善大腕"。国内的媒体和学者们更是喜欢引用下面一组数据：美国13岁以上人口中的50%每周平均志愿服务4个小时；75%的美国人为慈善事业捐款，每个家庭年均1000多美元。按志愿者占总人口比例和慈善捐赠的规模来看，美国无疑是世界上独一无二的慈善国度。

在论及全球慈善事业的发展对我国的影响时，就要说到美国。美国作为一个移民国家，慈善活动的源头可以追溯到西方的传统。西方传统的慈善事业起源于基督教教会。在《美国的慈善事业》一书中，历史学家罗伯特·布雷姆那还澄清了一个事实，即美国土著对待第一批移民比这些移民对待他们更善良。宗教和历史的双重交错，使得美国人对慈善事业充满了高度热情。直到今天，在美国的中小学课堂上，老师还会经常给学生们讲一些关于慈善家及其创业的故事。

与欧洲国家相比，美国在现代慈善事业的起源与理念方面有着许多独特之处，私人基金会也远比欧洲发达。一般认为，现代慈善事业始于美国，美国钢铁巨头、公认的私人慈善事业奠基者之一的安德鲁·卡耐基更是被公认为现代慈善事业的开创者，他的名言"拥巨富而死者以耻辱终"为世代慈善家所传诵。卡耐基曾说过，致富的目的应该是把多余的财富回报给同胞，以便为社会带来最大、最长久的价值。卡耐基一手创立的卡耐基基金会是最早的一批现代慈善组织之一。商业化的操作理念渗透于现代慈善组织的运作过程中，并与宗教慈善传统和美国式的平民社会观念一起，构成了现代慈善事业的灵魂。

美国学者把社会分成三大部门：一是政府，包括属于政府系统的机构；二是营利机构，包括企业、公司等；三是非营利机构，其中有一部分称为"独立部门"，即按美国税法给予不同免税资格的慈善组织、社会福利团体和宗教组织。在美国，非营利性的慈善组织共有140多万个。这些组织的规模差异较大，有跨国的大型组织，也有很小的社区组织。它们关注文化、教育、卫生，以及消除贫困、为弱势群体服务、妇女与儿童权益保护、就业、环保、社区改造等问题。美国的普通民众也非常热心慈善事业，《时代周刊》曾发表这样一篇文章称："在每一位'比尔·盖茨'的身旁，都站着数以百万计的普通百姓。"值得注意的是，比起拥有巨大财富的人来说，低收入的人捐款的比例更高。有人做过统计，年收入在 1 万美元以下的家庭，他们捐出收入的 5.2%；年收入在 10 万美元以上的家庭，他们的捐款比例仅为 2.2%。对此，有一种解释是，因为低收入群体更接近社会底层，因此也更了解那些需要帮助的人的真实需求。

除了文化渊源之外，美国现代慈善事业的发达，还离不开制度的建设。在《美国慈善法指南》的作者阿德勒女士看来，"美国慈善部门以其活力、多样性、经济实力和成长速度而格外引人注目。一个影响慈善业发展的重要因素是，美国有一个对慈善部门发展有利的法律环境"。法制、体制与机制的"三位一体"，是美国慈善事业一步步走向成熟的制度保障。

首先，完善的遗产税和慈善基金管理制度刺激着美国慈善事业的发展。一方面，美国的遗产税、赠予税以高额累进著称，当遗产在 300 万美元以上时，税率高达 55%，而且遗产受益人还必须先缴纳遗产税，后继承遗产，所以富豪的后代要继承遗产会遇到重重阻碍。另一方面，建立基金会或捐助善款则可以获得税收减免，捐出去多少钱就在所得税中相应地扣除多少。如此一来，进行慈善捐助不仅可以减少损失，还有助于树立公众形象和产生模范效应。另外，国家还对基金会的运作有大量的免税减税优惠，使得慈善基金会可以获得其他企业无法企及的高回报。

大部分慈善组织属于美国国税局所规定的机构。它们不仅是免税的,即不需要支付税款,而且这类机构得到的捐款对捐赠者来说,还享有法律规定的限额扣除税收的待遇。这些税收待遇具体包括:免税、所得税豁免、捐赠减税。

其次,激励与约束并举又保证了慈善组织的规范运作。慈善组织一旦成立,就要不断地募集捐款,管理者还要保证募集到的款项能够保值、增值,所以资金的使用是一门深奥的学问。许多慈善组织除了进行慈善募捐活动和筹款宣传,并把钱用于慈善事业外,还会从事两类营利性的投资以保证所募捐款的保值、增值。第一类是购买共同基金、股票、债券等,第二类则是办工厂、搞贸易等。在优化激励机制的同时,美国对慈善组织的监管可分为四个层次。第一个层次是政府的立法和监督。在美国的大多数州,首席检察官有权监督和管理慈善机构,并对其开展的活动进行规范。慈善机构也必须经常性地报告其业务活动和财务状况,如果慈善机构的董事未能履行其职责,州首席检察官则有权迫使该董事从他的私人财产中划拨出足够的资金对慈善机构遭受的损失给予赔偿。但总体来说,美国政府在监督非营利机构方面的立法相当宽松。各个慈善组织每年会向国税局详细报告本年度经费的来源和支出情况以及各项活动经费的来龙去脉。这样做的目的主要是检查慈善组织的活动是否符合免税规定。但是,对于慈善组织如何使用所募集的捐款,并没有严格的规定,很大程度上靠自律。第二个层次是民间专业评估机构的监督。

如美国慈善信息局，它制定了衡量基金会好坏的9条标准，其中包括：董事会管理职能、目标、项目、信息、财政资助、资金使用、年度报告、职责、预算。它每年分4次公布对全国几百家基金会的测评结果。公众往往根据它的公报来决定给哪个基金会捐款。第三个层次是媒体以及关心慈善事业的民众的监督。每个公民都拥有对慈善捐款使用情况的知情权，各类媒体更是关注基金会的运作情况。1992年美国联合慈善基金会（联合之路）主席阿尔莫尼滥用捐款的丑闻就是由新闻界最先披露的。第四个层次是慈善组织的内部监管。在美国，自律观念得到普遍认同。内部监管作为自律的一种形式为各类慈善基金会所采纳。它们都建立了约束自己组织和成员的比较完善的标准、规则等。尤其是自主的申请、拨付及运营费用的预算、核销等都有一套严格的程序。

需要指出的是，与市场经济的发展相适应，美国慈善事业的发展经历了漫长而又曲折的过程，并积累了许多经验。这一切对当代中国慈善事业的发展无疑具有重要的启迪意义。

中华民族素有积德行善、扶危济困、乐善好施、同情弱者、济世为怀的传统美德，慈善事业在我国历史悠久、源远流长。改革开放以来，慈善作为一项事业正在当代中国逐步发展起来，并在社会发展的重要领域发挥着独特的作用。1994年，我国第一家综合性的慈善组织——中华慈善总会在北京成立。随后，各地慈善组织迅速发展，成为我国民间组织中不可忽视的力量。与此同时，围绕慈善事业的政策和法律制度建设也逐步展开。如1988年公布的《基金会管理办法》、1998年公布的有关社团和民办非企业单位的两个条例、1999年公布的《公益事业捐赠法》以及2001年的基金会登记管理办法等。2003年3月8日，财政部、国家税务总局联合下发了《关于完善城镇社会保障体系试点中有关所得税政策问题的通知》，其中规定：对企业、事业单位、社会团体和个人向慈善机构、基金会等非营利性机构的公益、救济性捐赠，准予在缴纳企业所得税和个人所得税前全额扣除。这显示了中国的慈善事业正在走上法治化的轨道。但总体来看，特别是相对日趋成熟的市场经济条件来说，中国慈善事业的发展尚处于初级阶段，集中体现在：慈善组织和机构的规模、活动能力等存在着先天不足；慈善事业发展所必需的法律制度、社会支持、文化背景和经济基础等相对来说还不够健全；慈善事业在获取资源、扶贫济困、人道关怀等方面的巨大优势尚未充分发挥出来。

在当代中国，伴随着市场经济的发展和社会主义和谐社会的构建，大力推进慈善事业的发展已被提上议程。2005年11月，我国发布了《中国慈善事业发展指导纲要（2006—2010年）》。借鉴国外有益的经验，弘扬我国优秀的文化传统，加快管理体制改革，激活中国慈善组织的创新能力，进一步完善有利于中国慈善事业发展的法治和税收环境，逐步形成具有中国"本土化"特色的慈善救助模式和符合中国国情的慈善事业发展道路，无疑是十分必要的。具体做法有以下三个方面。

一是弘扬我国传统文化，培育现代慈善理念。中国传统的慈善价值观，如乐善好施等，一旦恢复和光大，并和现代价值观深度融合，就会在整个社会形成以慈善来表达关爱之心的风气，最终会演化出共同的行为准则，催生出一种新的道德理念，从而为建立一个更加和谐的社会奠定基础。

二是优化激励机制，加速积累慈善资源。根据国外的经验，税收制度是鼓励公民积极参与慈善活动、推进慈善事业发展的重要杠杆。从政府角度来说，为非营利社会服务组织和基金组织创造有利发展环境的关键因素之一，是创造一个将对慈善捐赠的适当激励渗透其中的运行良好的社会管理系统和税收系统；对于慈善组织来说，则要通过制度和机制创新，有效利用、开发和配置民间慈善资源，做大慈善事业这块"蛋糕"。

三是建立和健全自律、互律与他律融于一体的社会约束机制。完善法治和道德环境，是促进慈善事业健康发展的基本保障。从国外的经验来看，我国需尽快建立慈善组织资质评估和信用资格认证制度，加大社会监管力度，进一步规范慈善行为，并在慈善活动参与者的互动过程中逐渐约定俗成。要加强诚信等方面的道德建设，完善慈善组织内部的管理和监督制度，培育慈善组织的社会公信度，提高从业人员的道德素质，进而增强慈善事业对公众的吸引力。

第五章 利国利民：
慈善带来的经济红利

第一节　人口红利带动慈善公益

人口红利是经济学术语，指一个国家的劳动年龄人口占总人口的比重较大，抚养率较低，为经济发展创造了有利的人口条件，整个国家的经济呈高储蓄、高投资和高增长的态势。

中国近几十年的经济持续快速增长，已经创造一个世界"奇迹"。在探讨中国为什么能够创造经济增长"奇迹"的时候，很多人认为人口红利的影响是一个至关重要的原因，"人口红利"也因此和中国经济持续增长的前景联系在一起。

中国在1965—1970年人口红利已显现，并且积累了国民经济的基础。2000年以后更明显地感受到人口压力和就业压力。此后的20年间，人口红利对经济增长影响巨大。

人口红利不意味着经济必然增长，但经济增长一旦步入快车道，人口红利势必会成为经济增长的有力助推剂。劳动力资源丰富和成本优势

第五章　利国利民：慈善带来的经济红利

已经使我国成为世界"工厂"和世界经济增长的"引擎"，但由此也引发一个令人担忧的问题：当"人口红利"期结束的时候，我国经济还能增长多久呢？人口红利或者说人口年龄结构变化对经济增长的影响主要包括两个方面：一是对生产领域的影响，二是对消费和储蓄方面的影响。

从人口红利对消费和储蓄的影响来看，劳动年龄人口增长停止或者说老龄人口比例增加在一定时期内并不一定会带来储蓄率的下降，相反，这一情况还有可能使储蓄率进一步上升。在老龄化的初期，新进入老龄阶段的人往往都有较高的储蓄率和储蓄倾向，有人也因此把老龄化的初期看成第二次"人口红利"期。从这个意义上说，劳动年龄人口丰富的"人口红利"期结束并非人口红利的真正结束，只要能够发挥好储蓄的资金效率，让资本得到合理的回报，则第二次人口红利就有可能为经济增长继续注入"活力"。

综上所述，无论从生产领域还是从消费和储蓄方面来看，人口红利都将在相当长一段时间内成为推动我国经济持续增长的利好因素。2013年1月，国家统计局公布的数据显示，2012年我国15—59岁劳动年龄人口在相当长时期里第一次出现了绝对下降，导致未来中国经济要过一个"减速关"。①

李克强总理2018年10月24日在中国工会第十七次全国代表大会上作经济形势报告时说："我国拥有世界上规模最大的人力人才资源，这是

---

①《2012年统计公报发布　中国人口红利消失拐点已现》，《南方日报》2013年2月23日。

发展的巨大潜力和优势。随着国民受教育水平提高，劳动者素质持续提升，高技能人才队伍不断壮大。"①"人口红利"加速向"人才红利"转变，这是中国发展的最大"底气"。②

事实上，现在人口生育率的迅速下降，人口老龄化加速，人口变化为经济发展带来的红利，不仅包括劳动力供给的增加，还包括扩大储蓄以及人力资本投入与回报上升。由于人口在40—60岁这个年龄段储蓄的可能性最大，因此只要有更多的人能活到这个年龄，就会带来更多的储蓄。更多的储蓄则意味着更多的资本。

同时，期望寿命的延长也从根本上改变了人们对人力资本投资的观念，创造了更多技术发明被使用的机会，提高了人力资本投资的回报率。可以说，一个更健康的人本身就是一个更富有生产力的人。而且，健康的作用远不限于增强体力，更在于对智力思维的开拓与使用。

由此可见，人口红利的计算需综合考虑就业、收入及对经济增长的其他变量的影响，而不是像有些人误解的只依靠劳动年龄人口的数量。同时，随着人口转变，人口年龄结构的变化是不可重复的，也不存在所谓"源源不断"的人口红利。

有一个值得关注的问题：在中国劳动力资源最为丰富的有利时期，能否建立起一个有效的社会保障体系将关系到中国的长远发展。"未富先

---

① 《李克强在中国工会十七大作经济形势报告》，中国政府网，2018年10月24日。
② 《李克强：没有劳动，天上不会掉馅饼》，中国政府网，2018年10月26日。

老"是中国老龄化的最大特点,老年人口绝对数和相对数的增加,将使社会负担日益加重,社会保障资源面临巨大压力。而且,由于农村流动人口数量巨大,将引起未来农村老化程度高于城市,这也是中国老龄化的另一个显著特点。如何在完善城镇养老保障体系的同时,建立起一套兼顾国家、集体和个人的适合农村特点的养老保障体系,是政府必须要解决的一个难题。

在中国,传统的家庭养儿防老有效地补充了社会福利体系。城市人口的有效控制很大程度上也是因为有了系统的社会保障体系和医疗保险制度的逐渐完善,这解决了大多数家庭的后顾之忧。而广大的农村人口,还不能被纳入这两大保障系统之中。进城务工人员还不能享受工作所在地的社保、医疗、子女入托和受教育等福利和权利。这不仅不利于人口的有效流动,还容易滋生城乡人口的对立矛盾,引发人口流动的负面作用。

在这种情况下,慈善公益的发展势在必行,只有取消这种对城乡居民的差别待遇,将所有居民,不论城乡,不论地域,都纳入社会保障和医疗保险这两大体系中,才能有效地发挥人口流动的优势,实现全国范围内的人力资源和劳动力的有效配置,加快形成一体化的经济和城市化及小城镇的发展进程,促进国家现代化的发展。

人口红利带动社会公益,不仅体现在社会保障和医疗保险等方面,还体现在加大教育产业投入力度上,普及到高中阶段的义务教育,实施灵活多样的成人教育方式，鼓励多种方式实现全民终身教育，努力提高国民素质等。社会公益项目中的教育项目对辅导学生，提倡到高中的义务教育并取消各种名目繁多的学校收费，减轻家庭负担，扩大受教育人口的范围，真正让每个公民都能享受到公平的受教育权利，从而提高全国人口素质有着非常重要而积极的作用。慈善公益对成人教育的有效倡导，一方面帮助学校降低门槛，采取"宽进严出"的教育原则，将更多更广泛的人员吸引进入学校，提升他们的理论水平，使他们能在工作和学习中提高自身素质。另一方面鼓励和支持包括社区教育、农村教育、老年教育等多种教育方式并存发展，逐渐形成一种全民终身教育氛围，使国家的人口素质逐步提升，这才能把中国的人口发展状况由数量型转变成为质量型，从而更加有力地为经济发展提供动力。

第二节　慈善前沿新工具

当下，慈善前沿的新工具备受推崇，最受关注的就是"慈善＋金融"。慈善追求的是社会公益。金融是资本逐利的工具。事实上，二者无论是从文本含义还是实践感知，都存在着内在冲突性。但在日益复杂的经济和社会体系下，慈善与金融能互相为对方提供杠杆效应，二者能够交叉、兼容的空间越来越大。二者既兼容又冲突，所形成的张力蕴含着成就彼此的制度性能量。但这也意味着只要操作不慎，就会产生反噬性的破坏力。

先说慈善和金融的张力。如同需要用磁场约束核聚变的可控性，能维护这种张力是基于法律法规、商业经验的自由意志合约。通俗而言，慈善与金融的结合，需要严格而又灵活的合规管理能力作为后盾。在这个领域内，法律工作的技巧和经验能够得到充分的展示和尊重。

慈善与金融能互为所用的兼容领域表现在如下三个领域：

（1）股权捐赠，包括设立慈善信托；

（2）慈善组织对外保值增值投资；

（3）社会影响力投资。

针对第一个领域——股权捐赠，它不能被单纯地视为向慈善组织捐赠财产，它区分于现金捐赠和实物捐赠。股权捐赠称得上是一项复杂的金融工程，它涉及财富代际或横向转移、财富载体形式的变化、公司控制方式变化、依法纳税获得税收优惠等诸多复杂的系统性安排。股权捐赠方的动机，更多的是精微深远的商业利益算计，而不太会是一时的公益情感冲动。慈善组织如果对此不能有深刻的理解，那发起的主动性劝募则难以获得认真的反馈。

有鉴于此，股权捐赠的实质性难题，可以归集为一点：如何在满足捐赠方的需求如利用慈善组织的税收优惠、免税地位、被动管理能力、资源输出等，与受捐赠方的忌讳如管理难度、股东责任、可变现程度、声誉风险、合规风险之间，找到一个均衡点。

因为此类实质问题而引发出的诸多技术性细节问题：比如捐赠方选择设立慈善信托还是股权捐赠，捐赠方如何选择受捐赠方，捐赠股权规模如何设置，股权控制权是否转移，如何利用股权捐赠免税政策和税收优惠，慈善组织如何考察捐赠方、股权和公司，捐赠的股权如何过户，如何管理捐赠后的股权，如何行使股权的股东权，如何处置捐赠后的股权，如何对待捐赠方提出的附带回报条件……

上述实质性问题中的均衡点并非容易寻得。这也解释了为何大规模的股权捐赠案例颇为少见，并且往往颇为神秘。在股权捐赠领域，慈善组织和商业群体都需要加强自身的能力建设，强化对彼此行业的了解，需要发挥一些想象力，在安全合规的前提下，充分利用慈善组织所能给予捐赠人带来的杠杆效应。

针对第二个领域——慈善组织对外保值增值投资，我国慈善领域立法释放了慈善组织保值增值投资的势能。即通过保值增值投资，金融能够为慈善提供杠杆效应。同时，慈善也能为金融提供新的资金供给来源。

投资收益与风险并存。在此交叉领域，最实质的问题可以归集为一点：如何寻找到宏观层面上的投资收益最大化与投资风险最小化的均衡点。有两个解决路径：

一是，靠自身能力建设。通过内部制度规范、内部机构设置、引入专业人员、引入外部专业顾问等制度、组织和人事多方面的投入，提升拟开展对外投资的慈善组织的投资管理能力，靠其自身能力的建设，提高其在金融市场中的风险识别能力。这种路径比较适合实力雄厚的大型慈善组织。

二是，靠群体抱团。在监管部门、区域性协会、头部金融机构、金融聚合机构等牵头方的组织下，成立类似于共同基金的投资工具，汇聚中小型慈善组织的可投资资金，在专业团队的管理下，按照事先约定的目标、限制性条件，开展保值增值投资工作。这种实践在部分地区（例如深圳）已经在尝试。当然，这种实践的牵头方所面临的风险也是不容忽视的，背负的投资风险压力更大。相应地，投资此类的慈善组织的权益保护机制也需要深入研究和设计。

针对第三个领域——社会影响力投资，它是一种前沿性的公益慈善方式。前沿性体现在"新主体"与"新工具"两个方面：

新主体指的是，开展社会影响力投资的主体不限于慈善组织，也包括商业主体、金融机构。

新工具指的是，开展公益慈善的方式不再限于向被捐助对象拨款/物，而是采用多种金融工具，比如贷款、信用增信、债券、股权投资、资产证券化、小额保险、社会责任投资/采购等，向那些不追求财务增值效应、同时具有促进社会福祉、改善环境的公益组织如雇用弱势群体、为弱势群体提供免费或价格低廉或市场缺乏供应的产品/服务、促进环境/动物保护等的"社会企业"提供资助。

社会影响力投资的本质是利用金融手段来实现社会公益目标。即用市场化、金融化的手段，培育能够长期从事公益效应大于经济效应的基层社会企业。因此社会影响力投资与市场化的金融投资行为，除了社会影响力评估外，在技术实施层面没有本质性区别，需要主体熟悉金融市场，相应地，社会影响力投资市场的维护也需要类似于承销商、做市商、交易所、融资顾问以及其他中介顾问机构等各类角色参与其中。

现阶段中国大陆地区的社会影响力投资尚处于"言胜于行"的阶段，

制约其发展的几条限制性条件仍未有有效解决方案。

首先，社会影响力测量的指标体系不够清晰、简单、可靠，不足以有效地防范利用金融手段追求社会公益目标在内的使命偏离风险。虽然目前存在IRIS、GIIRS等多种企业社会责任报表体系，但仍处于探索中。

其次，对社会影响力投资感兴趣的慈善组织之外的资金体量仍然很小，社会影响力投资对商业实体、金融机构的动机创造不足。长远来看，社会影响力投资更可能成为慈善组织的一种新工具，而难以促使新主体取代传统慈善组织。

最后，存在"开拓者危机"，即缺乏可供投资的社会企业。一方面是社会企业的人员素质、能力普遍存在短板，另一方面是社会企业的业务模式是试图在利润率低甚至为零的底层市场长期实行"自我造血式"经营，这种模式本身就注定了艰巨且易遇挫折。

当下，我国很多慈善公益致力于推广社会影响力投资。部分地区的监管部门在探讨将社会影响力投资的资金支出视为慈善组织公益性资金支出。在社会影响力测量指标体系不成熟的情况下，需要关注避免出现不良趋势：通过将社会影响力的评测标准泛化、模糊化，催生出"将商业公司包装为社会企业"的行为，将慈善组织社会影响力投资异化为能抵税、能免税甚至能公开募集的投资基金。

第三节 社会投资与慈善红利

任何投资都有风险，投资的本质就是通过管理风险而获得收益。"投资者适当性"是资本市场的基础性概念，由中国证监会出台的《证券期货投资者适当性管理办法》规定："将适当的产品或者服务销售或者提供给适合的投资者。"[①] 也就是卖者尽责，买者自负。该《办法》还将慈善基金等社会公益基金列为"专业投资者"，不能享受"普通投资者"在信息告知、风险警示、适当性匹配等方面的特别保护。

世界上没有所谓最好的投资产品。不同的慈善组织有不同的理事和员工背景、不同的资金来源和用途、不同的规模和目标，它们对投资风险的认知程度和承受能力也有巨大的差别。在投资管理中，组织架构、流程管理、投资范围、风险控制是一个有机整体，不能割裂开来单独应

---

① 《证券期货投资者适当性管理办法》，中国证券监督管理委员会网站，2016年12月16日。

用，否则会破坏其各种支持、制约等内在关系。

政府对社会投资的监管要少而精，要给机构和行业留出足够的空间。政府部门对自身的定位应该是"踩刹车"的角色，而不要同时承担"踩油门"的角色。金融市场变化很快，新产品不断涌现，慈善组织千差万别，其投资需求和投资能力区别很大。因此，政府的关注点应该是治理、流程、标准。

慈善组织投资的第一责任人是理事会，既要强化其责任，又要保留其应有的权力。慈善组织应该先弄清自己的资产负债和风险偏好，建立符合自身特点的投资管理制度，再详细了解市场上那些产品的风险、收益、流动属性，然后再选择适合自己的产品。

慈善行业组织可做的是，与金融行业携手，开展投资者教育，制定投资评价指数等团体标准，推动成立共同基金，为慈善组织投资划定一个正常的工作范围。

慈善组织的投资不是慈善行为，而是金融行为。我们不仅要考虑慈善组织的使命，还要考虑作为金融常识的投资者适当性、资产配置、谨慎投资人准则等问题。

最后，政府部门对投资的监管，关键不是规定投资哪些产品，而是强化慈善组织理事会的责任，强制提高信息披露的透明度，鼓励成立专业性的行业组织，发挥行业自律作用。

第四节 慈善前沿新主题——"善经济"

当下,全球慈善发展面临四个新趋势:慈善世界的扁平化,慈善创新的日趋多样化,横向协作和跨界合作成为有效的运作方式,专业、高效、规范、透明化的趋势。

首先,要提出"善经济"的概念。世界进入"善经济"发展阶段,人类文明进入全面交汇的时期。从2011年开始,全球人均GDP进入10000美元阶段,由此推动全球经济开始呈现高质量、高科技、第三产业化的发展态势。目前第三产业远远超过原来的态势,中国第三产业的占比也超过了50%。整个全球的经济开始逐步向另一个逻辑发展,那就是社会价值逐步引领经济价值,公益慈善的时代已经到来。

其次,2021年我国已超过世界人均GDP水平,现在初步测算,2021年世界人均GDP是1.21万美元左右,我国是1.25万美元。[1] 经济转型加

---

[1]《经济总量114.4万亿元、超世界人均GDP水平……2021年中国经济亮点!》,中国经济网,2022年1月17日。

速，急需"善经济"的提升。慈善开始超越其原来的意义，这对中国来说是一个全新的课题。那么，社会价值如何引领经济价值？这是时代的一个基本课题。经济与社会的提升都需要与慈善对接，需要现代慈善支持与引领经济提升的力量，中国的慈善需要深刻转型。

再次，内地正在出现五个不太均衡的慈善发展极，即"长三角"、"珠三角"、首都引领的京津地区、成都与汶川区、银川的"黄河善谷"。其中"长三角"以其独特优势在全国居于前列。据统计，"长三角"的基金会约占全国基金会总数的四分之一，超过1500家。

最后，在"善经济"的浪潮之下，世界慈善正在通过影响力投资、大地艺术、慈善科技三大行动引领世界经济与社会转型。

大地艺术的代表是日本的福武哲学与艺术振兴乡村，提出了公益资本的理念，推出了令世界震惊的经济和社会的发展模式，这个模式叫作直岛模式。艺术振兴乡村在直岛已经获得巨大的成功。

日本的直岛、犬岛等岛屿自然景色优美，但几十年来，由于炼铜所产生的大量工业废气污染了岛上的土壤和植被，美丽的小岛满目疮痍，居民纷纷弃岛而去。1975—1990年，丰岛还遭受了大量的违规废弃倾倒。岛屿上生活的老年人也比较多，他们的生活受到现代化的冲击，发生了很大的变化。而"直岛模式"就是用现代艺术实现地方创生，这一模式也获得了世界的关注。

当年，福武总一郎在岛上种植南瓜，建设美术馆，创设"家"艺术项目、地中美术馆、直岛镇民会馆、犬岛精炼所美术馆、丰岛美术馆等。其中，"家"艺术项目中的第一个项目是"角屋"，因为岛上的年轻人都去岛外谋生，老年人去世后房屋都空置，变得破旧不堪。艺术家们将其中七家整修做成了现代画廊，就成了"角屋"。地中美术馆是岛上最有名的项目，里面收纳了克劳德·莫奈的《睡莲》系列，五幅画的收集花了20多年时间。丰岛美术馆不是建在大城市等耀眼的地方，而是建在充满了自然气息的地方，有绿色梯田包围着它。把美术馆建在自然当中，就可以让它们与自然之美相辅相成。

依托互联网的发展，小岛现在变得非常有人气，餐饮、住宿等设施，一应俱全。从最初的只有几千人来岛，到现在每年有70万人来小岛旅游。

直岛项目以艺术、自然、共生为基本概念，受到了世界的瞩目。山东省沂源县桃花岛的一个村子也在引进艺术活化乡村项目，法国著名设计师保罗·安德鲁正在为这个村子做公益设计。希望这个项目可以成为第一个落地中国农村的艺术活化项目，然后普及中国大地。

科技慈善的代表一个是比尔·盖茨参与的全球善品，找了200多位超级科学家来进行科技发明，已经有了7000多个专利品。另一个是爱心技术实验室。

比尔及梅琳达·盖茨基金会致力于保护未成年人健康成长；帮助贫穷人群，特别是妇女和儿童，提升他们改善生活的能力；抗击传染疾病，尤其是那些影响最贫困人群的疾病；激励、团结更多的人共同采取行动，改变世界。

比尔及梅琳达·盖茨基金会在中国的主题是"科技创新，助力慈善"，在中国开展的工作主要有三个方面：第一，继续支持中国应对国内挑战，改善全民健康，消除极端贫困；第二，借助中国日新月异的创新实力，为中国和世界其他地区有需要的人群提供高质量、可负担的健康和发展产品；第三，支持中国分享疾病防控、扶贫减贫领域的丰富经验和专长，促进中国成为更强有力的全球健康与发展合作伙伴。

第五节　利用信用、人才、互联网为公益赋能

对慈善而言，最重要的是信用体系建设，因为信用体系关联所有的慈善捐赠人、受益人及慈善组织。我国发布的《慈善法》包含了捐赠、志愿服务、互联网募捐、慈善组织、慈善信托、地方落实、政策配套、税收优惠、信息公开、信用体系等内容。2017年6月，我国还颁布了第一部关于志愿者服务的专门性法规——《志愿服务条例》[①]，旨在对志愿者规范管理。现在的互联网募捐平台，有许多网民关注和参与，公益走向老百姓生活，改变了社会生活方式，实现了慈善组织有序发展，慈善信托创新发展。

那么，中国慈善界如何呼应世界经济的发展？那就要用"善经济"的发展，实现与世界潮流的对接，并且真正影响中国经济的转型。

---

①《志愿服务条例》，2017年6月7日国务院第175次常务会议通过，2017年8月22日中华人民共和国国务院令第685号公布，自2017年12月1日起施行。

2014年，国务院发布了《国家社会信用体系建设的规划纲要（2014—2020年）》，其中有关社会组织诚信的建设。社会组织信用体系进入"信用管理"时代，全国的社会组织入库全国统一信息公开平台，建设社会组织统一代码。

2018年1月，民政部颁布社会组织信用信息管理办法。2018年2月，由40个部委联合发布了《社会组织守信联合激励和失信联合惩戒》的指导意见，这对慈善组织有重要意义。

在互联网时代，信任和信用出现新特征。信任是在交易过程发生之前，但信用是在交易过程之中。信任体系强调开放性，但信任体系的复杂性又造成了人际信任的危机。信用体系不一样，它更重要的是解决了系统的推进，是整个社会信用体系的建立，使社会组织能够持续发展，利益相关方在体系中的各种责任逐步减少。

那么，如何实现为组织公益赋能呢？除了信用，最关键的是技术的不可替代性，这就要靠专业人才。现在公益组织专业人才缺乏，导致公益组织发展缓慢。如何吸引和留住专业人才，要考虑内部政策。从这些角度讲，赋能是内外结合的一个模式。信任、信用、公信力，是慈善组织发展的生命线。慈善组织内生动力源于团队建设、社会各界的支持和监督体系的建立，同时，要实现政府与慈善组织共建的信用体系。

另外，要实现为组织公益赋能，就要利用互联网技术跟互联网的思维方式来开展公益创新，以及对公益机构进行改革。公益项目的创新，社会组织培育的创新，都要依赖互联网公益，它是孵化和培育社会组织的新路径。而且，对慈善机构进行改革、创新也要借助互联网。慈善机构作为一个社会组织，最重要的特点就是具有灵活性。在互联网时代，更要有一种创新精神，有一种跨界的活力。要通过运用互联网思维，不能层级化，因为互联网是培育更多的社会组织健康发展的重要路径。

互联网也离不开信用。如果信用不足，那互联网公益就很难得到信任，没有信任，互联网公益也发展不起来。

首先，在互联网上，想要得到庞大的互联网用户，不仅要利用它便捷的参与渠道，还要创造优秀的用户体验，这样才能更好地发展互联网公益。特别值得一提的是基于互联网的小额零散捐赠。在互联网出现之前，如果有人想捐款，只能通过口述，告诉他这次捐款活动是哪家组织的，再告诉他组织账户，这是一个非常麻烦的过程。而现在，我们可以通过互联网平台链接实现，这给小额捐赠提供了前提条件。

其次，基于强关系的捐赠会带来大量的用户。这些互联网做个人求助的品牌从重大疾病的个人求助开始，积累了大量的用户，发展为重大灾害面前激发大家的捐赠热情。

最后，慈善事业的发展离不开生活水平的提高和经济的发展，慈善本身是社会财富的"第三次分配"，是商业之后的又一次分配。只有当每个人都有好的生活，才有更多的时间关注慈善公益。

第六节　发展慈善事业，开展多种形式的社会救助

一直以来，我国慈善组织通过筹集慈善物资、开展慈善项目、传播慈善理念等方式，在教育、医疗、扶贫等领域积极开展社会救助活动，取得了很多成绩，但也面临一些发展的瓶颈。为了更好地发展慈善事业，应健全慈善组织参与社会救助的相关法律法规，建立协调机制，加强慈善组织自身能力建设，完善监督体系，促使其在社会救助中发挥积极作用，开展多种形式的社会救助以发展慈善事业。

社会救助是最基本的社会保障，是民生保障和实现脱贫攻坚的一道安全网。作为社会的安全阀和减震器，社会救助受到世界各国的普遍重视，而慈善组织参与社会救助已成为世界范围内的共识。我国2014年2月21日发布的《社会救助暂行办法》第七条明确提出，要鼓励、支持社会力量参与社会救助。[①] 当前，我国经济进入新常态，增长速度换挡期、

---

① 《社会救助暂行办法》，中央政府门户网站，2014年2月27日。

结构调整阵痛期、前期刺激政策消化期三期叠加，使得经济和社会结构发生了深刻变化，社会救助压力陡增，此时推进慈善组织参与社会救助，具有积极意义。

资源依赖理论认为，作为一个组织，不可能拥有达成目标所需的一切资源条件，组织对外在环境的依赖是不可避免的。资源依赖理论的主要观点有两个：一是组织具有外在限制，组织会对外在环境中拥有重要资源的其他组织的需求作出回应；二是组织具有外部依赖，为了确保组织的存在和运转，需要尽可能地管理组织对外在环境的依赖情况。在社会救助中，无论是政府还是慈善组织，都不可能拥有承担社会救助供给的全部资源，需要通过吸收、引进、借助彼此拥有的资源来实现社会救助的目标与使命。相对于政府，慈善组织在参与社会救助方面，物资内容更丰富，信息来源更准确，方法措施更灵活，应急反应更快捷，具有其独特的优势，是当前我国构建功能完善、统筹衔接、务实管用、兜底有力的社会救助体系不可或缺的力量。

当前，我国慈善组织参与社会救助工作，在法律法规、协调机制、组织自身以及监督管理方面还存在困难。

一是我国没有专门的社会救助法和慈善组织法，更没有慈善组织参与社会救助的针对性法规制度。2016年9月实施的《中华人民共和国慈善法》是我国慈善领域立法的一大进步，但其对于慈善组织参与社会救助，也只有原则性的表述，对于运行模式、程序流程等没有具体化的规定。在慈善组织领域,社会团体、基金会、社会服务机构作为慈善组织的三个法人组织形式,仍然以《社会团体登记管理条例》《基金会管理条例》《民办非企业单位登记管理暂行条例》等行政法规为主线,立法层次属于行政法规及以下,在强制力和规范力方面都相对较弱,无法为慈善组织参与社会救助提供充分的法律保障。

二是在社会救助方面,政府部门和慈善组织缺少合作。大多数情况下,二者都是依靠自己的信息和资源为弱势群体提供救助,没有相应的协调机制,政府和慈善组织沟通不畅,导致无法有效取长补短,难以形成整体性效应。即便是各个慈善组织之间也缺乏协调合作,往往是各做各的,相关资源、信息无法共享,从而出现某些救助对象由于具备一些特征而获得政府和慈善组织的重复性救助,另一些救助对象由于不具备某些特征而很难获得救助,导致救助资源浪费、救助覆盖面偏低。

三是我国慈善组织起步较晚,一些组织在内部治理、财务管理、人才培养等方面缺乏有效的管理制度,自身能力不强,难以较好地参与社会救助。志愿失灵理论告诉我们,慈善组织本身具有四个问题:资源获取方式决定的慈善不足、服务于特定群体产生的特殊主义、控制着慈善资源的人带来的非民主化"家长式"作风、难以吸引专业人才加入导致提供服务的业余性。这些问题一方面导致政府对这些慈善组织的不信任,影响双方的协调合作;另一方面使得社会对慈善组织认可度不高,造成慈善组织筹资困难,影响社会救助活动的开展。

从政府监督上看,还存在"九龙治水式"的多头监管,往往容易导致监而不管、空头监管。登记管理机关、业务主管单位、审计部门等对慈善组织参与社会救助都负有监管责任,在现实中却存在职责不清、责任不明等问题,导致政府监督不到位。由于慈善组织参与社会救助涉及的善款募捐、资金运作、慈善支出等都处于不完全透明状态,外界较难获得相关信息,导致社会监督无路径。近些年发生的慈善组织募捐丑闻,暴露了监督管理方面存在的问题,影响了慈善组织参与社会救助的公信力。

所以,要发展慈善事业,开展多种形式的社会救助,就要完善我国慈善组织参与社会救助机制,发挥其积极作用,健全慈善组织参与社会救助的相关法律法规。当前,我国相关的制度呈碎片化、零散化,需要通过顶层设计进一步健全法律法规、完善相关制度来系统化解决,建立更加积极的慈善组织参与社会救助的政策法规体系。2018年5月1日出台的《社会救助法》,在法律上明确慈善组织参与社会救助的条件、程序、运行规范等,为慈善组织参与社会救助提供法律指南和依据。同时,应适时出台《慈善组织管理法》,理顺慈善组织登记管理体制,提升立法层次,使慈善组织登记注册、业务开展、监督执法等规范化、法制化,增强慈善组织的社会公信力。应尽快出台《慈善组织参与社会救助实施办法》,用以明确慈善组织参与社会救助的权益和职责,提升可操作性。

服务型政府是现代政府发展的方向,也是人民政府的必然要求。要进一步深化行政体制改革，推进政府职能不断转变，本着建设服务型政府的理念，科学定位政府与慈善组织在社会救助中的角色。由于政府与慈善组织在提供社会救助过程中拥有不同的资源优势，所以政府应通过推出一系列举措，建立慈善组织参与社会救助的协调机制，搭建双方资源交流平台，通过救助资源共享，充分发挥优势资源的作用。在实践中，以政府救助为主，慈善组织救助为辅，充分发挥政府部门的主导牵头作用，建立和完善社会信任机制、信息共享机制、公共对话机制、公共承诺机制，释放和拓展慈善组织的自主性空间，激发慈善组织参与社会救助的积极性，由政府提供政策支持和项目资金补贴，通过信息共享、部门联动、项目协作等方式，把适合慈善组织提供的救助服务以采购、承包、委托等形式转移给慈善组织，合理调配资源，促进信息共享，实现政府与慈善组织优势互补，降低救助成本，提高救助效率。

最后，慈善组织要加强自身能力的建设，只有慈善组织能力提升，才能为社会救助事业注入更大的能量，才能使整个社会救助之河水源滚滚、川流不息。相对美国和英国较为成熟的慈善组织的发展态势，我国慈善组织起步较晚，一些慈善组织自身能力不足，限制了其参与社会救助的效率和效能。慈善组织应注重加强自身能力建设，拓宽资金来源渠道，提高资金筹集能力，防止出现救助资金不足现象；着力完善内部治理结构，以章程为核心，健全科学民主决策机制，杜绝出现"家长式"作风；规范财务管理制度，科学设立账目明细，使社会救助经费收支公开透明；优化人才队伍，定期开展培训，提高社会救助专业化水平。

总之，完善慈善组织参与社会救助监督体系，首先要加强政府部门的行政监督，立足我国国情，搭建以民政部门监管为主，相关行业主管部门、财税审计部门为辅的联合行政监管体系，多渠道、多层次地对慈善组织进行监管。其次要加强社会监督力度，一方面，搭建新闻媒体、第三方评估机构和服务对象满意度评价"三位一体"的监督体系；另一方面，加强信息公开，搭建慈善组织参与社会救助信息公开平台，让社会救助相关运作透明化，接受社会各界的监督和评议。最后要加强慈善组织自律监管，建立慈善组织内部质量控制和财务公开制度，推动慈善组织行业自律，从组织内部有效监控慈善组织参与社会救助行为。

第六章 共同富裕：
慈善推动社会进步与发展

第一节　如何加快发展我国的慈善事业

国务院决定从2014年起,将每年的10月17日设立为"扶贫日",其主要目的是引导社会各界关注贫困问题,关爱贫困人口,关心扶贫工作。核心内容是学习身边榜样,宣传凡人善举,动员广泛参与,培养良好风尚。

慈善引领人们聚集在爱心和信仰的旗帜下,奉献社会,服务他人,关爱民生,为扶贫、赈灾、教育、环保等工作作出应有的贡献。但是,随着我国经济快速发展,社会保障制度不断健全与完善,慈善事业的发展与社会救助体系建设还存在一些不容忽视的问题。慈善事业的发展在社会救助体系建设中有着积极的意义,加强慈善救助是完善社会救助体系的迫切需要。加强慈善救助也是广大弱势群体的热切期盼,在全面建设小康社会的大背景下,客观上需要加强慈善事业,需要把慈善救助作为社会救助重要组成部分加以完善。

第六章 共同富裕：慈善推动社会进步与发展

当前对慈善事业的发展在认识上还存在误区，其所需要的社会氛围尚未完全形成。尽管政府大力提倡，但一些人仍对慈善事业存在着认识上的误区。甚至一些慈善组织及其从事慈善工作的人员，也只是将慈善事业看成单纯的道德事业，未能将其作为社会分工产物及不断发展的社会事业来对待，从而与发达国家慈善事业在理念方面存在着较大差距。同时，政策法规尚不完善，慈善组织人才缺乏。部分慈善机构的组织建设还不规范，慈善募捐的方式缺乏足够的吸引力，慈善工作人员的专业素质还有待提高，甚至缺乏慈善工作正常开展所需的工作力量。

因此，要加快发展慈善事业，就要加强宣传，提高慈善救助的公信力。慈善事业的特殊性只有让更多人了解，才能吸引更多人参与；只有让更多人信任，才会有更多人捐款捐物。要通过广泛宣传，让民众了解慈善组织的性质、地位和作用；要让民众了解社会上还有哪些困难群体需要救助，慈善组织的救助项目、范围等；要通过广泛宣传让更多民众了解慈善家、爱心人士的先进事迹，传播正能量。作为社会监督的重要组成部分，舆论监督可以把慈善组织的工作置于民众的面前，从而有助于实现公开、公平、公正。同时，慈善文化、慈善理念的传播，同样离不开宣传舆论的支持。从这个意义上讲，宣传工作是做好慈善事业的重要组成部分。宣传的目的，就是要培育慈善文化，倡导包括"践行友善"在内的社会主义核心价值观，用文化的力量支撑人们的理念，用理念指挥行动，让更多的人加入慈善行列中奉献爱心。做好慈善宣传，需要慈善工作者、媒体从业人员互相支持和共同努力，也需要社会各界人士的理解。特别是数字化时代的今天，慈善宣传应当成为网络宣传的"主角"，以此来宣传慈善事业在社会救助中的积极作用。要通过开展生动活泼、形式多样的慈善活动，吸引广大人民群众积极参与，让民众明白做好慈善工作不仅是企业家的事情，还是每一个有意愿和能力的人都应该参与进来的事情，逐渐形成一种风尚、一种文化、一种氛围，进而促进慈善事业的蓬勃发展。

要加快发展慈善事业，还要加快立法，完善政策法规体系，健全公益财产管理制度、公益机构分类分级监管制度、行业评估制度和信息统计制度，使行业组织的进入和运行有法可依，有章可循，独立发展。目前，迫切需要对公益机构的双重审批、注册的进入制度进行重大改革，在尽可能大的范围内取消公益机构的主管部门审批制度，采取直接注册或备案制的进入制度，培育更多的慈善公益组织，由市场来优胜劣汰。公益财产和公益机构的财务管理制度也需要尽快出台并实施。多年来，公益组织只能借用企事业单位财务管理制度，在会计科目的核算上牵强附会，这给公益机构的财务反映和财务监督带来了诸多不便。慈善公益机构要分类分级管理，慈善筹款机构、慈善执行机构要相互区分，全国性、区域性和社会性公益机构要相互依托发展。要建立全国性的慈善信息统计制度，对慈善捐赠进行确认、登记、分类、汇总。各级政府须规范自己的行为，尤其是对一些地方政府已出现的占用、挪用慈善基金会民间捐款的现象，应坚决制止。

最后，要着力加强慈善队伍建设。慈善工作是一项系统工程，从宣传、策划、筹款、投资、援助到监督管理，就像一条完整的生产线。要驾驭这条生产线，慈善组织就必须借鉴国际上慈善事业较为发达的国家和地区的先进经验，以实现慈善机构正规化、慈善管理科学化、慈善队伍职业化和专业化，真正从社会各个阶层、各种人才队伍中吸纳资源。一是加强对慈善工作者的管理，定期进行绩效考评和专业知识培训，使大家从传统的体制中解脱出来。鼓励年轻人投身慈善工作，建设一支年轻、高素质、综合能力强、结构合理的专职队伍，为慈善事业注入新的活力。二是加强慈善工作人员的职业道德建设，提高慈善人员的道德素质，加强对从业人员的培训，多渠道、多方式培训现有的慈善工作者，提高他们的工作技能，打造职业化、专业化的慈善工作队伍。三是加强慈善组织自身建设，建立健全内部管理制度，逐步推行决策、执行和监督分离的运行机制，建立规范、公开的财务管理制度，捐赠款物的使用追踪、反馈和公示制度，及时向社会公布捐款物的使用情况。

第二节　造血式慈善在农村精准扶贫中的参与现状与推进重点

造血式慈善,是区别于输血式慈善的一种慈善方式。顾名思义,输血式慈善就是单纯的给予,当下的很多慈善都是输血式慈善。而造血式慈善,就是"授之以渔",是让帮扶对象获得生存能力的慈善方式。在某种情况下,输血式慈善固然重要,有时还很有必要,但造血式慈善,尤其是"直接造血式"慈善,无论是从眼前还是对长远而言,更能治本。

慈善的最终目的是彻底解决问题,而不是一时地解决问题,所以,如何开展造血式慈善,是我们要重点思考的问题。

造血式慈善的一种重要体现,就是在农村的造血式扶贫,这也是区别于输血式扶贫的一种扶贫方式,是通过扶贫让农民自己有能力扩大再生产的方式。在某种情况下,输血式扶贫帮困固然重要,有时还很有必要,但造血式救助贫困,尤其是直接造血式扶贫办法,无论是从眼前还

第六章 共同富裕：慈善推动社会进步与发展

是对长远而言，脱贫率高，后劲足，因而更受农民欢迎。最重要的一点是，造血式扶贫比输血式扶贫更能治本。

慈善组织在农村开展的精准扶贫中，既要重结果，也要重过程，更要重机制，因为脱贫摘帽不是终点，而是迈向新生活的起点。打赢这场脱贫攻坚战，关键要注重扶贫协作的思路与办法，将传统的输血模式变为造血模式，要解放思想，拓宽思路，在深化扶贫协作过程中努力打通思想意识、产业发展和人才交流的堵点，实现观念互通、产业互补、技术互学，共同发展。

首先，慈善组织要打通农民思想意识中的堵点。贫困不可怕，关键是思想不能落后，观念不能落后，只要肯思考，办法就比困难多。关键是要注重脱贫攻坚经验的总结与推广，更多的是通过艰苦卓绝的脱贫攻坚战赢得思想上的开放，赢得意识上的突破，赢得发展思路上的拓展。因地制宜，精准科学，统筹推进，既要打好攻坚战，也要打好统筹战和协同战，通过东西部协作扶贫，在发展理念和发展思路上进行反思提升，主动融入区域经济发展的大局中，融入国家发展的重要战略中。扶贫既是经济上的提升，也是精神上的提升，更是思想上的提升，只有坚持新发展理念，只有主动把握区域经济发展的战略机遇，才能打通扶贫中的"任督二脉"，从而激活经济发展动力。

其次，慈善组织还要打通产业发展的堵点。思想解放了，意识提升了，关键要落实到载体上，更要落实到行动上。慈善组织协助农村脱贫攻坚，精准扶贫，关键是要抓住产业发展这个"牛鼻子"，把产业扶贫当成重头戏，当成脱贫的主动脉。离开产业的扶贫终归是无本之木、无水之源，难以持续长久。扶贫产业不牢，也难以从根本上实现增收致富。应结合地方经济发展实际，结合贫困地区资源禀赋实际，推出具有可持续发展的特色产业，通过产业带动贫困群众的就业，带动贫困群众的增收致富，带动贫困地区精神面貌的提升。产业发展不仅要接地气，更要在产业链上下功夫，通过产业扶贫，让贫困地区与经济发达地区的人员、物资和产品等各类要素资源实现交流互动。

最后，慈善组织还要打通人才交流的堵点。无论是产业扶贫，还是教育扶贫，或者是其他方面的扶贫，都离不开人才的支持与支撑。调动人才的积极性，也是推进扶贫协作的突出特点。一方面，要促进贫困家庭劳动力的内生动力。为贫困家庭建档立卡收集信息，鼓励和协助有能力、有意愿的贫困家庭劳动力外出务工，向贫困地区派遣技术人员协助就业培训，提供各种外出务工的便利条件，让贫困群众拥有一技之长，能够依靠自己的双手致富，这样才能让脱贫攻坚更有成效。另一方面，要利用慈善组织的资源优势，强化各类人才的交流互动，激发人才积极性。

那么，究竟什么是"精准扶贫"，其中的"精准"指的是什么？之所以会出现"过度帮扶""扶贫扶不起"的现象，恰恰说明了精准扶贫政策的准确性。慈善组织一定不要出现对政策的误读，否则就容易导致"扶贫扶不起"的现象。

精准扶贫就是造血式扶贫，就是要建立一个健康的、能够自行运转的造血系统，要让贫困家庭拥有"造血功能"，这才是精准扶贫的意义。

慈善组织的精准扶贫，首先，要有针对性。造成每一个困难家庭贫困的原因各不相同，慈善组织的工作人员一定要找到造成每一个家庭贫困的原因。个别地区之所以出现过度帮扶，造成贫困群众出现"懒汉思想"的根源就是因为扶贫人员没有去寻找贫困产生的根源。

其次，精准扶贫要找到切实可行的方式方法。精准扶贫要求扶贫人员走进田间地头，去跟当地的贫困群众共同生活，找到造成贫困的根本原因，这样才能有针对性给出解决方案。一些地区的慈善组织简单地将精准扶贫理解为给群众送米送面，这样的扶贫只能是杯水车薪，只是"授人以鱼"。以当前的社会经济发展现状来看，生活水平长期维持在贫困线下的群众，家庭必然存在一定的问题，因病返贫、因残返贫、孤老孤儿等这些致贫问题都不是仅仅靠送米送面就能解决的，所以更需要慈善组织深入家庭，找到致贫的根本原因。

再次，精准扶贫要做到全面覆盖。精准扶贫，不仅是要从经济上扶贫，还要从思想上、从精神上扶贫。长期处于贫困状态的家庭，普遍存在受教育程度较低，存在一定的自卑心理，这些问题都需要慈善组织去解决。要扶贫更要扶志，在给这些困难群众打开出路的同时，更要给他们"走出去"的勇气。

最后，精准扶贫，扶贫是目的，精准是方式，两者缺一不可，慈善组织必须意识到这一点，才能真正将扶贫慈善做到底。

第三节　建立健全与慈善事业相衔接的社会保障体系

早在2004年，党的十六届四中全会就提出，要"健全社会保险、社会救助、社会福利和慈善事业相衔接的社会保障体系"，要"在全社会大力提倡团结互助，扶贫济困的良好风尚，形成平等友爱，融洽和谐的人际环境"。这是我们党第一次明确地将发展慈善事业作为社会保障体系的重要组成部分，表明了党和政府高度重视慈善事业发展。随后党的十六届五中、六中全会和十七大都对发展慈善事业提出了明确要求，慈善事业被作为社会保障体系的一部分发挥其作用。十多年来，党中央支持慈善事业发展的一系列决定，为做好慈善工作提供了强大的思想保证。

但在大部分人的认知中，慈善事业一直都被认为是民间行为，其资金来源主要来自社会捐赠，当然不排除政府招赠，其实施救助的全过程完全是自主决定的，不受政府的直接干预。而社会保障制度是政府行为，是政府制定并用财政支出来保证其运行的一系列制度。

第六章 共同富裕：慈善推动社会进步与发展

那么，这二者究竟是什么关系呢？慈善事业的发展，对完善社会保障制度、促进和谐社会建设方面有什么重要意义呢？

我们先来看看社会保障制度与慈善事业的内涵与外延。

关于社会保障制度的含义，具体说法不尽相同。在孙光德主编的《社会保障学》[①]一书中，将社会保障制度定义为以国家或政府为主体，依据法律规定，通过国民收入再分配，对公民在暂时或永久失去劳动能力以及由于各种原因发生生活困难时给予物质帮助，保障其基本生活的制度。其要点为社会保障制度的责任主体是国家或政府。社会保障制度的目标是满足公民的基本生活需要。社会保障制度得以实施的保证和依据是相应的社会立法。这一定义强调了社会保障制度是以国家或政府为责任主体，这是关于社会保障制度最传统的概念。

随着社会保障制度的不断发展，其内涵与外延也发生了一些变化。社会保障有了新的定义。社会保障是各种具有经济福利性的、社会化的国民生活保障系统的统称。经济福利性，即受益者所得大于所付；社会化行为，即供给者与受益者并不直接对应而是通过中间机构组织实施国民生活保障系统，即最终目标是保障和改善国民生活。这一定义充分考虑到了当代社会保障制度责任主体正在悄然发生的微妙变化，虽然强制性依然是当代社会保障的一个重要特征，但弱化政府责任和降低强制性社会保障水平的发展趋势已很明显，慈善公益事业及其他补充性保障事

---

① 孙光德主编：《社会保障学》，中国劳动出版社1998年版。

业的发展并非强制实施，其依靠自身力量依然收到了良好的保障国民基本生活的效果。这一定义摆脱了以往的局限性，同时也符合社会保障在当代社会发展进程中所表现出来的新特色，其阐述的是一种大社会保障的理念，认为只要宗旨符合社会保障的本意，便可归为社会保障制度的范畴。

我们还可以从广义的角度来理解社会保障制度。若单从狭义的角度来理解，社会保障制度一般都是由政府制定并由财政支出来保证其运行的一系列制度。而从人类学和社会学的视角看"制度"，这一概念则比较宽泛，它不仅包括政府制定的，还包括社会其他行为主体实施的约定俗成的一些行为规范。要加快建立覆盖城乡居民的社会保障体系，保障人民群众的基本生活，这里的社会保障体系，就是政府、市场以及社会合力建设的保障体系。社会保险、社会救助和社会福利是中国社保体系的基础，由中国政府主导并负责实施的基本养老制度、基本医疗制度和最低生活保障制度构成我国社保体系的重点，由市场主导的商业保险和由社会主导的慈善事业则是我国社保体系的重要补充形式。综上所述，我们可以这样认为，在大社会保障理念和广义的社会保障制度范畴中，在减轻政府负担和降低社会保障制度强制性水平的趋势下，我们不应把社会保障的行为主体局限在政府上。只要是符合社会保障初衷和本意的行为，就应当将其归为社会保障的范畴。

慈善事业是建立在社会捐献基础之上的民营社会性救助事业。慈善事业以社会成员的慈爱之心为道德基础,以贫富差别的存在为社会基础,以社会捐献为经济基础,以民营机构为组织基础,以志愿者的意愿为实施基础,以社会成员的普遍参与为发展基础。慈善事业的本质特色就是社会善举公助。慈善事业的一个直接目的是救助现实社会中的脆弱群体成员,贫民、灾民、孤老残幼等既是慈善事业的工作对象,同时也是慈善事业赖以存在并得到发展的社会条件,这与政府举办的救灾济贫事业又是相通的,从而能够得到许多国家政府的支持,甚至是直接的财政援助。

自中华慈善总会成立以来,我国的慈善事业从救济贫困群众的基本生活发展到关注弱势群体发展权,从组织捐赠发展到开展项目活动上。慈善事业的层次越高,便不仅仅是单纯的民间行为,要受到国家的宏观管理,在国家保证国民基本生活思想大方向的指引下开展各种活动。我国现在正处于经济社会转型期,在政府的人力、物力、财力难以兼顾的情况下,慈善事业的发展无疑会对社会的稳定和经济的发展起到"安全网"和"减震器"的作用。慈善事业已经成为与社会保险、社会救济、社会福利相衔接的社会保障体系中很重要的内容。

慈善事业与社会保障制度内涵与外延有统一之处,在大社会保障理念和广义的社会保障制度范畴里,在减轻政府负担和降低社会保障制度强制性水平的趋势下,我们不应把社会保障的行为主体限制在政府上,只要是符合其初衷和本意,包含其所具有的福利性与社会性的本质特征,都应当归入社会保障的范畴。

慈善事业的运作保证了困难群体的基本生活,并在此基础上凭借自身力量及国家的支持积极兴办各种慈善项目,且其与社会保障制度在救助对象和实施目的上具有很多相似之处。慈善事业对缓解社会矛盾,促进社会和谐意义重大,起到了保障社会的作用,应当被社会保障事业所包容,应当纳入现代社会保障体系进行研究。慈善事业与社会保障事业是部分与整体的关系,与其他形式的社会保障相对来说是相互配合、相互协调的关系。健全的社会保障体系,是由社会保险、社会救助、社会福利和慈善事业等方面组成,它们互相衔接、互相配合,各自发挥其作用,缺少任何一方面都是不完整的,都会影响到社会保障体系的稳定性及功能的正常发挥,都不利于社会主义和谐社会的建设。

慈善事业应该成为社会保障制度的重要组成部分,成为党和政府积极推动的制度安排。这既体现了党中央对慈善事业在构建和谐社会中的作用的充分肯定,同时也反映了广大人民群众对于发展好我国慈善事业的需求和期待。

慈善事业有效地弥补了社会保障覆盖面不全并提高其效率。我国的社会保障制度遵循"低水平、广覆盖"的原则,但由于多方面原因,覆盖面并没有达到理想的水平,甚至是远远不足。社会保障安全网在客观上存在漏洞,这是我国社会保障体制改革进程中出现的一个大问题。在传统社会保障制度暂时无力或无法顾及的领域,恰恰是慈善事业发挥作用的空间。政府包揽社会保障事业已经被历史证明是无效率的,社会保障成本极大,而慈善事业是关注民生、为民解困的事业,慈善组织独立于政府系统之外,摆脱了官僚体系的束缚,运作效率有提高的可能空间。慈善事业的发展是基本社会保障制度的有益补充。

慈善事业是调节收入分配的重要手段。按照经济学家厉以宁的解释,社会分配可以分成三个层次:第一层次是以竞争为动力的分配,即根据能力大小决定收入多寡;第二层次是以公平为原则的分配,即通过社会保险、社会福利进行再分配;第三层次是以道德为动力的分配,即有钱人自愿把钱分给穷人,也就是慈善事业。慈善捐赠的直接目的和现实意义是增加社会救助的资源供给,平衡调整分配关系,化解社会对立情绪和矛盾,促进社会和谐稳定,它是缩小贫富差距最为直接的调节手段和形式。由于第三次分配是人们出于自觉自愿的一种捐赠行为,因此它的影响是广泛的,它发挥作用的领域是市场调节和政府调节所无法比拟的。

慈善文化还有益于社会保障制度建设。慈善事业以社会成员的慈爱之心为道德基础,其提倡人道主义,使人人富有同情心,有助于人与人之间形成互帮互助、相互关爱、助人为乐的社会主义道德风尚。通过慈善救助,传递人间的爱心和真情,更大范围地弘扬慈善的"利他主义"精神,推动社会关爱互助,营造温馨和谐的人际关系和诚心友爱的社会氛围,这种氛围将大大推动整个社会保障制度的建设和完善。

总之,要做强做大慈善事业,不断增强社会保障实力。慈善事业作为整个社会架构中的重要组成要素,所发挥的作用是多重且意义深刻的。慈善事业的发展有助于提高社会保障体系的完整性、协调性与层次性。只有建立完整的社会保障体系,保证其体系中各子系统、各项目之间分工负责、相互协调、功能互补,才能满足不同社会成员间不同层次的社会保障需求,社会保障体系才能真正发挥作用,全面解决各种社会现实问题。

第四节　积极构建志愿服务保障机制

志愿服务是慈善组织与政府服务、市场服务相衔接的重要环节，在动员社会资源、满足人们需求、扩大服务范围等方面具有重要作用。志愿服务是富有时代特色的道德实践，是弘扬社会主义核心价值观、推进社会主义精神文明建设的有效载体，其实质是"任何人自愿贡献自己的时间和精力，在不图物质报酬的前提下，为推动人类社会发展和社会福利事业而提供的服务"。广泛开展志愿服务，有助于社会和谐稳定，形成良好的社会风气。志愿服务贵在持久，而实现志愿服务的常态化与可持续发展，建立有效的保障机制和激励机制至关重要。

近年来，慈善组织的志愿服务在我国以前所未有的速度发展起来，志愿者人数急剧扩大，越来越多的人以极大的热情投身慈善事业的志愿服务中，对政府的社会服务起到了很好的补充。但由于慈善组织的志愿服务在我国发展的时间不长，目前尚存在一些问题，如专业化水平不高、社会定位和服务内容不够明确、志愿者个人权益保护不充分等。这不仅容易挫伤志愿者的服务热情，而且不利于慈善组织志愿服务事业的长远发展。推动慈善组织的志愿服务持续健康发展，需要综合运用法律等手段，积极构建志愿服务保障机制。

要构建志愿服务保障机制，加快志愿服务立法势在必行。加快立法是构建志愿服务保障机制最重要的环节。志愿者群体作为一个独立的、特殊的群体，需要专门的法律来保障其合法权益。在有效保障志愿者合法权益方面，许多地区进行了积极探索，广东、山东、天津、四川等地纷纷出台了地方志愿服务条例。但这些规定具有明显的地方性特征，不利于志愿服务基本制度的统一。2017年，国务院颁布了《志愿者服务条例》，对相关地方性法规进行了梳理和完善，出台了具体的奖励和处罚措施，从法律层面对服务机构进行了规范和管理，从根本上完善了志愿服务风险防范的法律保障，强化了志愿服务机构的责任。

慈善组织，也就是志愿服务机构，是保护志愿者合法权益的重要载体和平台。志愿服务机构应高度重视志愿者的权益保护问题，把对志愿者的权益保护作为一项重要的日常工作。要加快建立志愿服务风险防范机制，针对容易出现的志愿者权益受侵害问题，建立和完善有效的预防体系。在确立志愿服务项目时，既要设定服务目标，也要进行风险评估，有效防范危险的出现。要严格实施志愿者注册机制，科学开展志愿者招募工作，努力将志愿者放在合适的服务岗位上，定期对志愿者进行系统的专业知识和技能培训，帮助志愿者实现自我发展和自我提升。慈善机构还要积极为志愿者创造安全的工作和服务环境，提供必要的工具和条件，帮助其更好地开展服务工作。

构建志愿服务保障机制，有赖于志愿者自身权益意识的增强，只有自身的基本权益得到保障，志愿者才能更好地为社会提供高效且专业的服务。这些基本权益包括在志愿服务中获得自我成长、获得专业培训和基本安全保障等。当前一些地区的志愿者基本权益没有得到很好的保障，其中一个重要原因就是一些志愿者的自我保护意识不强。许多志愿者认为，志愿服务是无偿的，需要无私奉献精神，不能考虑个人利益。事实上，鼓励无私奉献与保护个人权益二者并不矛盾。应进一步加强志愿者自身权益保护意识，使其充分学习和掌握保护自身权益的知识，在自身权益受到损害的时候，能够通过法律等途径进行维权。

整个社会要营造全社会支持慈善组织的志愿服务的氛围。志愿服务是面向社会的，其发展也离不开社会的支持。各级政府应进一步加大对慈善组织志愿服务的支持力度，加大对志愿服务的宣传力度，增强全社会对志愿服务和志愿者的认知，让人们从内心深处真正认可志愿服务和志愿者；引导全社会积极配合志愿者工作，为他们创造良好的工作和服务环境，给予志愿者更多的支持和理解，推动形成全社会参与志愿服务、支持志愿服务的良好氛围。

近年来，我国志愿服务工作扎实推进，志愿服务事业迅速发展，在志愿者数量、参与群体、服务领域等方面取得了令人瞩目的成就。在迅速发展的同时，我国慈善组织的志愿服务也面临许多亟待解决的问题，主要体现为：志愿理念尚需进一步普及，公民志愿意识尚待进一步提升；相关制度尚不健全，志愿者权益难以保障；群众参与率还不够高，没有实现常态化；志愿组织发展不规范等。

这些问题的存在，原因是多方面的，除了志愿服务保障机制尚未得到全面普及之外，志愿服务激励机制缺失也是其中的一个方面。慈善组织志愿服务激励机制与志愿服务活动的开展二者之间有着很强的内在正相关性。虽然慈善组织的志愿服务源于奉献和爱心，但仅仅依靠爱心、激情和道德是很难做到持久的。因此，实现志愿服务常态化与可持续发展，不仅要组织和动员更多的人参与志愿服务活动中，也要注重激励机制的建立，让他们在志愿服务中获得回报，感受快乐，体现自身价值，从而使志愿服务活动获得强大的动力。大量的实践经验也表明，哪些地方激励机制建设得好，哪些地方的志愿服务活动就开展得好。

对于慈善组织志愿服务的激励，必须坚持精神激励与物质激励相结合，以精神激励为主，同时要重视物质激励在志愿服务中的作用。构建以社会激励为主、慈善组织内部激励为基、自我激励为辅的志愿服务激励体系。社会激励主要是通过制定和完善志愿服务的相关制度，建立和完善志愿者服务的回报机制。这又分为三个方面：一是社会荣誉激励。其主要激励方式包括颁发志愿服务认证书、荣誉奖状，进行宣传表彰等，目的是通过社会给予的精神奖励、荣誉奖励使志愿者感受服务的价值，并产生服务的自豪感。二是社会物质激励。主要是物质化补偿激励，可以采取志愿津贴、补贴的形式；也可以是政策性补偿，比如在入学、就业时优先考虑志愿服务参与者；还可以是储蓄型激励，平时储存志愿服务时间，需要时随时支取。三是社会环境激励。主要是通过制度的建立使志愿者的合法权益得到保护，在全社会形成人人尊重志愿者、人人争做志愿者的良好社会氛围。

慈善组织内部激励则主要分为榜样激励、情感激励、培训激励、绩效激励等方式。榜样激励，主要是在慈善组织内部对志愿服务活动中成绩突出的个人或集体给予肯定和表扬，从而激发成员更加积极地参与志愿服务。情感激励，主要是通过感情交流、组织内部关怀帮扶等形式对受激励者的情感产生影响，增强其对志愿组织的归属感和认同感。培训激励，就是使志愿者通过志愿服务获得自我发展的机会，在志愿服务中得到自我提升、自我满足。绩效激励，就是对志愿者在志愿服务活动中的工作态度、能力、业绩等方面进行综合评价，以起到鼓励先进、鞭策落后的作用。

自我激励机制是通过激发志愿者的内在需求和动机，达到激励自我的目的。自我激励又包括自我价值激励、自我成就激励。自我价值激励，即志愿者在参与志愿服务活动时，发现自己的价值和作用，从而激励自己再接再厉提供更高水平的志愿服务。自我成就激励，是志愿者在志愿服务活动中用真诚、专业的服务得到社会的肯定，从而在心中产生良好的激励作用。

积极构建志愿者服务保障机制，也包括为志愿服务激励机制发挥作用提供切实的保障。慈善组织的志愿服务激励机制要发挥作用，还要有一定的人、财、物的支持和保障，要加大对志愿服务活动的经费投入，建立多元化的筹资机制，通过制定相关的法规、政策，倡导、激励社会各界捐助，以保障志愿服务活动有序、有效进行。

第五节　慈善信托的作用及其发展现状

随着慈善事业的发展，慈善信托逐渐成为与慈善捐赠并行的慈善途径和方式，已经成为助力共同富裕的一个重要工具。共同富裕是中国特色社会主义的本质要求。慈善信托是社会公众参与公益事业的一种途径和方式，是我国慈善事业的重要组成部分。

2016年，我国出台的《中华人民共和国慈善法》专章对慈善信托做了规定，旨在激活信托机制在慈善领域的运用。近年来，慈善信托在我国得到了一定程度的发展。根据《2021年中国慈善信托发展报告》显示，截至2021年12月31日，我国慈善信托累计备案单数达773单，备案财产规模为39.35亿元。2022年以来，新增228单，财产规模为4.93亿元。[1]

现如今，仍有人把慈善信托等同于慈善捐赠，认为慈善信托是慈善

---

[1]《慈善信托可在促进共同富裕中发挥重要作用》，《金融时报》2021年9月13日。

组织的竞争对手，慈善信托是保值增值的工具，甚至认为慈善信托是金融产品等，这些都是对慈善信托的误解和偏见。准确地讲，慈善信托是人们参与公益事业的一种途径和方式，其核心要义是慈善信托财产的本金和收益要全部用于公益事业。根据《中华人民共和国信托法》第六十三条规定，公益信托的信托财产及其收益，不得用于非公益目的。这意味着，委托人将自己合法所得的财产设立慈善信托，就不能再将该财产拿回来，而必须全部用于开展《中华人民共和国慈善法》第三条所规定的慈善活动。发展股权慈善信托，能够实现民营企业控制权、经营权和收益权的有效分离，是助力实现共同富裕的一个重要途径。

根据现有法律规定，设立慈善信托的财产，既可以是资金形态，也可以是股权、不动产等非资金形态。股权作为中国高净值客户的一大财富载体，在居民财富结构中将占据越来越重要的地位。未来，我国社会财富形态将以企业股权为主，包括上市公司股权和非上市公司股权。但如何让股权参与到第三次分配中来，既不影响经济的高质量发展，又有利于促进共同富裕，这是一个全新的课题，值得深入研究。

我们做一个假设，假如让民营企业家把股权捐出来，民营企业就会脱离民营企业家的有效管理与代际传承，就可能伤及民营经济的根本，进而让我国经济失去发展的动力和源泉。如何在经济高质量发展的前提下，让企业家以股权类财产形式参与公益事业，股权慈善信托是一条重要的途径。

股权慈善信托指委托人基于慈善目的，依法将其拥有的企业股权委托给受托人，由受托人按照委托人意愿以受托人的名义进行管理和处置，开展慈善活动的行为。股权慈善信托设立后，股权作为初始信托财产，其财产属性由私人财产转变为社会公共财产。根据现有法律法规的规定，作为慈善信托财产的股权可以不动用，不影响企业家对民营企业的继续经营和实际控制。也就是说，公司的控制权仍然可以掌握在慈善信托的委托人或者其继承人手中，可以通过合理的机制设计将企业的经营管理传承下去。同时，股权慈善信托的公益特质能够激励家族企业继续创造财富，有效避免下一代创富动机的枯竭，防止家族衰败或者灭亡。可以说，股权慈善信托承载着家族的精神与希望，进而成为国家和社会进步的动力。在此基础上，股权慈善信托用每年产生的股权分红来开展公益事业，并由此让企业获得更多的税收优惠和政策扶持。这也正是境外诸多家族和富人采用的企业公益模式。

此外，慈善信托的期限没有限制，理论上可以永久存续。因此，股权慈善信托不是"一锤子"买卖，它有利于民营企业长期稳定的经营管理，使其作为一个"活水"源头，发挥先富帮后富的作用，积极参与和兴办社会公益事业。

最后，慈善信托与家族信托相结合，不仅可以满足家族成员的生活需要，同时可以满足更多的人对美好生活的向往，充分发挥慈善事业第三次分配作用。

随着慈善事业的发展，慈善信托还可以进一步创新发展，与家族信托相结合，发展公益余额信托、慈善先行信托、利益分成信托等新类型，让家族成员享有小部分信托利益，大部分信托利益用于公益目的。其中，用于公益慈善的部分可享有相应的税收优惠，没有用于公益慈善的部分不享有税收优惠。

总之，近年来慈善信托在助力脱贫攻坚、抗击新冠病毒感染等方面发挥了积极作用。未来，慈善信托特别是股权慈善信托，在实现共同富裕中将进一步发挥重要作用，成为助力共同富裕的重要工具。

当下，我国《信托法》虽未对受托人进行的信托财产投资做出专门规定，但是受托人在管理信托财产时，必须恪尽职守，履行诚实、信用、谨慎、有效管理的义务，这也适用于对信托财产的投资管理要求。基于这一要求，慈善信托受托人负有对信托财产进行投资管理的责任，目的在于实现信托财产的保值增值，使得信托本身具有一定的自我"造血"能力，从而为慈善活动输送更多的资金，实现可持续运作。

目前，国内的慈善组织在管理运用慈善财产市场化方面的程度还非常低。以基金会为例，由于缺乏投资管理方面的专业人才，国内基金会只能投资存款、银行理财等低风险的产品，投资收益率较低，增值有限，对捐赠收入的依赖度很高。虽然少数进行市场化改革的基金会已经开始尝试委托金融机构投资，投资范围扩展至股票、基金等具有高收益潜力的资产，但仍然存在缺乏总体的资产配置思路、持续增值能力差的问题。

对于慈善组织和信托公司而言，通过有效的管理来实现慈善信托财产的保值增值是一项重要的任务。考虑到慈善信托是委托人为了实现其慈善目的而将财产托付给受托人管理的，如何管理信托财产，应该由委托人与受托人在信托合同中进行约定，并充分尊重委托人的意愿。委托人可在信托文件中对信托财产的管理运用原则、可用于投资的资产比例、投资资产类别及比例甚至是具体的投资品种进行约定。根据委托人意愿的不同，受托人可以在信托财产的管理中扮演被动管理和主动管理两种角色。

由于慈善信托，不是为了获取投资收益，是为了慈善目的而设立的，为了确保慈善目的的实现，安全性应该作为慈善信托财产管理的首要原则。如果是受托人进行主动管理，受托人应综合考虑每年的支出要求以及委托人的意愿，合理确定在不同风险收益、不同期限的资产类型上的配置比例，在保证安全性和流动性的基础上，实现信托财产的保值增值。为了确保信托财产得到合理的管理运用，委托人也可在合同文件中对投资决策机制进行约定，确保自身拥有参与投资决策的权力。

由于慈善信托在财产管理上注重委托人的意愿，并可引入具有专业资产管理经验的信托公司作为受托人，未来我国慈善信托财产在管理运作上可以借鉴国外基金会高度市场化的模式，在保证安全性的基础上，通过多元化投资，适度配置具有高收益潜力的长期投资，通过更为专业的管理运作模式来实现慈善信托财产的保值增值，以此为慈善事业的发展提供更多的资金来源。

第六节　慈善组织税收优惠政策

在慈善事业的各种激励机制中，税收政策是最为有效的杠杆。《中华人民共和国慈善法》（以下简称《慈善法》）等法律法规对慈善组织享受税收优惠的问题均有相关规定。

《慈善法》第七十九条规定，慈善组织及其取得的收入依法享受税收优惠。本条是关于慈善组织自身依法享受税收优惠的原则性规定。有几个方面的问题需要注意：

首先，关于"依法"。按照我国立法规定，税收优惠的具体问题由税收专门法律规定。《慈善法》对此只作原则性规定，慈善组织享受的税收优惠应当依据税收专门法律加以明确。需要说明的是，我国《企业所得税法》对企业作了宽泛的定义，在中华人民共和国境内，企业和其他取得收入的组织为企业所得税的纳税人，所以慈善组织享有所得税优惠的主要依据是《企业所得税法》和《企业所得税法实施条例》中关于非营利组织税收优惠的规定及以此为依据制定的法规等。

其次,关于非营利组织免税资格。《关于非营利组织免税资格认定管理有关问题的通知》①规定,非营利组织申请免税资格认定必须同时满足以下条件:(1)依照国家有关法律法规设立或登记的事业单位、社会团体、基金会、社会服务机构、宗教活动场所、宗教院校以及财政部、税务总局认定的其他非营利组织;(2)从事公益性或者非营利性活动;(3)取得的收入除用于与该组织有关的、合理的支出外,全部用于登记核定或者章程规定的公益性或者非营利性事业;(4)财产及其孳息不用于分配,但不包括合理的工资薪金支出;(5)按照登记核定或者章程规定,该组织注销后的剩余财产用于公益性或者非营利性目的,或者由登记管理机关采取转赠给与该组织性质、宗旨相同的组织等处置方式,并向社会公告;(6)投入人对投入该组织的财产不保留或者享有任何财产权利;(7)工作人员工资福利开支控制在规定的比例内,不变相分配该组织的财产;(8)对取得的应纳税收入及其有关的成本、费用、损失应与免税收入及其有关的成本、费用、损失分别核算。这八项条件是非营利组织免税资格认定的实质要件。非营利组织免税优惠资格的有效期限为五年。非营利组织应在免税优惠资格期满后六个月内提出复审申请,不提出复审申请或复审不合格的,其享受免税优惠的资格到期后自动

---

① 《关于非营利组织免税资格认定管理有关问题的通知》,中央政府门户网站,2014年2月20日。

失效。

再次,关于免税收入的范畴。《中华人民共和国企业所得税法》第二十六条规定,企业的下列收入为免税收入:(1)国债利息收入;(2)符合条件的居民企业之间的股息、红利等权益性投资收益;(3)在中国境内设立机构、场所的非居民企业从居民企业取得与该机构、场所有实际联系的股息、红利等权益性投资收益;(4)符合条件的非营利组织的收入。《关于非营利组织企业所得税免税收入问题的通知》规定的免税收入有:(1)接受其他单位或者个人捐赠的收入;(2)除企业所得税法第七条规定的财政拨款以外的其他政府补助收入,但不包括因政府购买服务取得的收入;(3)按照省级以上民政、财政部门规定收取的会费;(4)不征税收入和免税收入滋生的银行存款利息收入;(5)财政部、税务总局规定的其他收入。[①]另外,慈善组织因技术转让而取得的收入,符合规定的条件也可以享受免税待遇。值得注意的是,慈善组织的免税收入不包括其营利性收入,但是慈善组织满足法律规定的小型微利企业标准的,其营利性收入可以获得低税率的待遇。

最后,关于捐赠票据。按照《公益事业捐赠票据使用管理暂行办法》规定,慈善组织作为公益性社会组织,可以到同级财政部门申领公益事业捐赠票据。

《慈善法》第八十条还明确规定,自然人、法人和其他组织捐赠财产

---

① 《中华人民共和国企业所得税法》,中央政府门户网站,2007年3月19日。

用于慈善活动的，依法享受税收优惠。捐赠人如果要享受税收优惠，应当满足一定条件并且要受到一定条件的限制。

受赠人应当具备公益性捐赠税前扣除资格。（1）在我国，捐赠享受所得税税前扣除的前提条件之一，就是捐赠人应当向具备公益性捐赠税前扣除资格的受赠人捐赠。（2）捐赠财产应当是有权处分的合法财产且具有使用价值。（3）慈善捐赠应当无偿，没有回报。（4）取得捐赠票据，是捐赠人享受税收优惠的证明。（5）捐赠的财产要用于慈善活动，如果捐赠财产并未用于慈善法规定的慈善活动，而是用于其他用途，则无法享受税收优惠。（6）公益性捐赠税前扣除受到额度限制，可向后结转三年。按照《慈善法》和《关于公益性捐赠支出企业所得税税前结转扣除有关政策的通知》的有关规定，企业通过公益性社会组织或者县级（含县级）以上人民政府及其组成部门和直属机构，用于慈善活动、公益事业的捐赠支出，在年度利润总额12%以内的部分，准予在计算应纳税所得额时扣除；超过年度利润总额12%的部分，准予结转以后三年内在计算应纳税所得额时扣除。企业在对公益性捐赠支出计算扣除时，应先扣除以前年度结转的捐赠支出，再扣除当年发生的捐赠支出。

《关于公益慈善事业捐赠个人所得税政策的公告》规定，个人通过中华人民共和国境内公益性社会组织、县级以上人民政府及其部门等国家机关，向教育、扶贫、济困等公益慈善事业的捐赠，发生的公益捐赠支出，可以按照《个人所得税法》有关规定在计算应纳税所得额时扣除。

居民个人按照以下规定扣除公益捐赠支出：（1）居民个人发生的公益捐赠支出可以在财产租赁所得、财产转让所得、利息股息红利所得、分类所得、综合所得或者经营所得中扣除。在当期一个所得项目扣除不完的公益捐赠支出，可以按规定在其他所得项目中继续扣除。（2）居民个人发生的公益捐赠支出，在综合所得、经营所得中扣除的，扣除限额分别为当年综合所得、当年经营所得应纳税所得额的30%；在分类所得中扣除的，扣除限额为当月分类所得应纳税所得额的30%。（3）居民个人根据各项所得的收入、公益捐赠支出、适用税率等情况，自行决定在综合所得、分类所得、经营所得中扣除的公益捐赠支出的顺序。

《慈善法》第八十条第二款还规定，境外捐赠用于慈善活动的物资，依法减征或者免征进口关税和进口环节增值税。值得注意的是，境外捐赠必须符合慈善法、公益事业捐赠法和其他有关的法律规定，才能依法享受税收优惠。捐赠不能附加不符合我国法律、行政法规规定的条件，不能损害我国的国家利益。

《慈善法》第八十一条明确，受益人接受慈善捐赠，依法享受税收优惠。根据《个人所得税法及其实施条例》的规定，国家发放的救助金，免征个人所得税；残疾、孤老人员和烈属的所得，其他财政部门批准的所得，其个人所得税也可减免征收。慈善组织提供的慈善服务和发放的慈善给付，如果属于扶贫、济困、助残的范畴，受益人可依据个人所得税法获得税收优惠。《基金会管理条例》第二十六条首次专门规定了慈善受益人依法享受税收优惠。另外，慈善服务对象、受益人税收优惠的可操作性规范，主要体现在灾后恢复重建的税收政策方面，对受灾地区的企业、个人通过慈善组织接受捐赠的款项、物资，免征相应的所得税。

同时，《慈善法》对慈善税收优惠办理程序作了一般性规定，其中第八十二条明确规定，慈善组织、捐赠人、受益人依法享受税收优惠的，有关部门应当及时办理相关手续。

对于弄虚作假骗取税收优惠政策的，《慈善法》第一百零三条规定，由税务机关依法查处，情节严重的，由民政部门吊销登记证书并予以公告。第一百零九条规定，违反慈善法规定，构成犯罪的，依法追究刑事责任。这意味着，慈善组织骗取税收优惠的，除了可能被税务机关进行行政处罚以外，还可能被民政部门依法吊销登记证书，构成犯罪的，还要依法追究其刑事责任。对于骗取税收优惠的具体措施，主要在税收法律和刑法等法律法规中规定。

第七节 慈善信托在家族财富传承中的运用

随着中国特色社会主义进入新时代,中国高净值人群的规模逐年扩大,并且逐渐步入财富的传承期,财富管理与传承逐渐成为高净值客户关注的焦点。但财富传承不同于财富继承,传承的不仅是家族的物质财富,还有家族的精神财富,而最能体现家族精神财富的便是公益慈善。因此,将公益慈善融入家族财富传承,也是未来家族信托的一个重要发展趋势。

我国改革开放40多年来,经济高速发展,诞生了一大批优秀的企业家,作为时代的先行者与"弄潮儿",他们大多建立起自己的财富帝国。高净值人群对财富保障与传承的需求日益增加。"创一代"们因为年龄、身体等诸多原因,逐渐无力管理庞大的商业帝国,随着二代继承人的逐渐成年,家族企业的财富传承已经迫在眉睫。然而,纵观全球家族企业传承历史,成功传承从来都是一个小概率事件。研究表明,真正意义上实现从一代传到二代的家族企业不到 20%，有 70% 的家族企业没能传到下一代，88% 的家族企业没能传到第三代。

慈善信托在家族财富管理上具有独特的优势。信托制度从英国起源至今，经过漫长时间的发展完善，已经日益清晰、完备、公平、合理。而且，现在的信托制度也具有灵活多样的设计和形式，既可以实现家族财富的资产隔离，也可以通过灵活巧妙的设计实现对家族企业的股权控制，从多方面对家族财富进行保护，实现家族财富传承等多种功能。慈善信托在家族财富传承中具有诸多优势，慈善是帮助弱势群体，是社会资源再分配的过程。企业每一次参与社会慈善、社会公益，都是一次企业良好形象的展示，都有利于加强公众对企业的认识。长期的慈善行为会持续提升企业的知名度、美誉度，进而全方位提升家族的社会影响力。很多知名跨国公司已经将慈善活动、公益活动作为企业履行社会责任的一种方式，更将其作为塑造良好企业形象和口碑的重要环节。因此，以投资的眼光来做慈善，短期可能是"亏损"状态，但从长远来看，家族慈善行为可以促进家族财富的持续增长。

从企业家角度看，慈善活动可以构建一种自身关系网络。在做慈善过程中可以获得与相关政府机构的紧密联系，尽管企业的慈善活动本身不是盈利行为，但它依然能够获得某些间接的效益。从某种角度说，企业既从事了慈善事业，造福了群众，也营造了自身与政府间的良好联动关系，而这种关系的形成可能对于企业的未来发展至关重要。

另外,家族慈善有利于企业价值观的塑造。从国内外的诸多实践经验来看,家族企业安排一定比例的企业收入做慈善,不仅可以提高家族成员之间的凝聚力,还可以提高企业员工的荣誉感和对企业的归属感,对家族企业的文化塑造大有裨益。

一个家族的传承主要包括两个方面:一是物质财富的传承;二是家族精神的传承。过去,人们更多关注物质财富的传承方式和策略。如今,如何有益、有效、持续地传递家族的精神财富日益成为高净值人士思考的问题。在我国,家族慈善信托作为一种家族行善的新兴方式,通过家族慈善信托开展慈善活动,可以将家族成员团结起来共同致力慈善事业,有利于提高家族的凝聚力。

从国外经验来看,家族慈善信托的一个主要优势,就是对税收的合理规划。国外许多富人借助慈善信托不仅可以服务社会,还可以规避巨额遗产税,因此家族企业常常通过在家族信托中嵌入慈善信托来获得税收抵扣优惠,以达到合法节税的目的。目前,我国慈善信托享有国家一定的政策支持,税收优惠政策已经有了原则性的规定。虽然中国遗产税尚未开征,慈善信托的税收优惠细则也尚未制定,但随着我国慈善信托税收优惠政策的出台,慈善信托的税收筹划优势将日益凸显。

当下,需要完善信托的优惠政策。针对信托在不同环节出现的对委托人、受托人、受益人出现的重复征税问题,根据信托财产本身具有的独立性原则,受益权和所有权分离的特点,受益人从受托人手中获取的信托财产本金和信托财产增值获取的收益，避免双重征税。建议有关部门出台相关的税收优惠政策，以避免不合理税收。

另外，需要完善遗产税制度。无论是从促进社会公平方面考虑，还是从完善税收体制方面出发，遗产税的开征都有其客观必然性。建议未来如考虑开征遗产税时，相关部门能一并考虑遗产税与信托财产部分相关的税收细则，完善遗产税法律中关于慈善部分的抵税条款。

最后，亟须完善慈善信托的税收优惠政策。对《慈善法》中对慈善信托的相关税务问题细则进行明确规定，明确慈善信托在设立、运作、利益分配等环节的具体税收优惠细则，如能尽快出台慈善信托税收优惠的确认条件和优惠丧失确认条件，则更方便操作。

由于可设立家族信托的资产具有多样性，包括资金、股权、不动产等，借鉴国外的家族信托发展经验，只有完善的信托登记制度，才能确保家族信托的功能得以真正地体现。因此，我们应依托《信托登记管理办法》，进一步完善信托财产登记制度，通过统一信托登记平台查询信托产品以及信托财产的信息，产生对抗第三人之效力，信托受益权也能够借助该平台实现流转。

慈善信托系统的建立，其基础是建立相应的家族慈善信息系统，它不仅是信息有效披露的途径，也有利于为慈善信托委托人提供更多的慈善选择。首先，在监管层面来说，家族慈善信托需要在信息系统进行慈善备案，并且独立开设一个慈善信托资金的专用账户，方便监管家族慈善信托中的慈善资金动向；其次，慈善信托信息系统也需成立相应的慈善项目库，给出相应的可供筛选和评估慈善项目的方法，这样慈善信托信息系统不仅从慈善项目端体现出慈善的需求点，也从资金端体现出慈善的供给点，并提高了信息透明度和监管效率。

对信托公司来说，加强复合型人才的培养，加强专业化主动管理，全面培植服务能力是其促进家族慈善信托发展的关键。由于高净值人群对于财富传承的需求具有多样化、个性化的特点，家族财产的不同类型又使得家族信托具有高度的定制化特征。因此，组建一个涵盖金融、法律、投资、税务等多领域的核心专家队伍，以客户的具体需求为出发点，才能为客户提供多层次、全方位的信托产品配置和财富管理服务。

总之，对社会来说，积极宣传家族慈善，让大众意识到家族财富传承不仅是物质的传承，还是一种精神的传递。从这个角度来看，建议通过各种方式积极宣扬家族精神传承，普及家族慈善信托相关知识。首先，利用互联网推广是最常见的方式，毕竟互联网具有更多的受众群体，传播效果更加迅速和高效，如微博推荐、微信公众号普及等。长安信托甚至拍摄了我国第一支家族信托主题的微电影，这让更多群体看到和了解家族传承。其次，举行家族慈善信托行业高峰论坛也是普及家族慈善信托的一种方式。同业交流可以尽最大的努力帮助解决家族慈善信托遇到的共性问题，从而促进家族慈善信托的健康发展。

第八节 共建和谐社会，共享慈善红利

中国是世界第一人口大国、世界第二大经济体。中国人口总量由高速增长转向平稳增长，人口素质显著提升，庞大的人口总量正为中国经济社会持续健康发展提供宝贵的人力资源，为中国特色社会主义现代化建设奠定坚实的人才基础。

中国发展到现在，人口红利起了很大的作用。通过人口红利的演变，支撑起我们国家的高新技术发展。面对近三年的新冠病毒感染，社会公益事业的捐赠超过了预期，社会公益捐赠为疫情防控作出了极大的贡献。全国政府工作报告中也提出要"支持社会组织、人道救助、志愿服务、慈善事业等健康发展"，这充分说明党和国家及相关部门对公益慈善事业的高度关注和重视。未来的慈善公益要利用人口红利带动慈善公益，使更多的老百姓受益。

人口既是基本国情，也是基础国力。中华人民共和国成立以来，我

国人口总量一直保持着持续递增的态势。与之相伴的是我国劳动年龄人口规模也在不断扩大,庞大的人口基数带来的绝对量增加十分可观。有专家表示,经济发展较快的国家大多人口数量较多,特别是年轻劳动人口比重较大。如亚洲的中国、印度、印度尼西亚,南美洲的巴西,非洲的尼日利亚等国家。

与劳动力规模相对应的是人口素质的明显提升。国家统计局发布的《新中国成立70周年经济社会发展成就系列报告》[1]指出,随着中国科教兴国、人才强国战略的实施,劳动年龄人口的平均受教育年限显著提高,为建设知识型、技能型、创新型国家提供了坚实的人力基础,为大众创业、万众创新提供了强有力的人才支撑。

当下,中国正在从"人口红利"走向"人才红利",从"中国工厂"成为"世界市场"。

城镇化是现代化的必由之路。从20世纪80年代东莞代工企业到上海中国国际进口博览会主会场,中国凭借其人口规模及辽阔国土、丰富资源,将经济资源集中投入制造业中并最终发展成为世界上规模最大的制造业大国。这种变化部分得益于中国人口空间分布发生剧烈变动,人们在不同地区之间频繁移动,形成了规模庞大的由乡村向城镇、由欠发达地区向发达地区流动的人口迁移,加快了城镇化进程,为城市经济发

---

[1] 《新中国成立70周年经济社会发展成就系列报告》,国家统计局网站,2019年7月1日。

展提供了有利的基础条件。

此外，随着我国城镇化的不断推进，国内人口的消费潜力正逐渐被释放。我国14亿多人口，有着庞大的市场规模和消费潜力，是供给质量和体系持续升级的巨大动力，是中国经济的韧性和潜力所在，也有着任何经济体都无可比拟的巨大优势。

有专家表示，中国始终坚持向全世界开放市场，14亿多人口的巨量市场，对世界各国都有着巨大的吸引力，这也有利于中国经济更好地利用好"两种资源"、"两个市场"，实现更稳健的发展。同时，14亿多人口消费需求的动态升级过程，是商品、服务、基础设施等领域水平不断提升的重要动力。

目前，中国已经从"一穷二白"发展为实现全面小康，这是一个巨大飞跃。中华人民共和国成立以来，人民生活实现了从温饱不足迈向全面小康的历史性跨越。中国的综合实力与国际地位正在不断增强和上升。

中华人民共和国成立以来，在中国共产党的坚强领导下，14亿多人民团结奋斗，让中国从封闭落后迈向开放进步，从温饱不足迈向全面小康，从积贫积弱迈向繁荣富强，还将一直向前创造伟大传奇。

2021年9月28日，国务院新闻办公室举行新闻发布会，发布并解读《中国的全面小康》白皮书。国家发改委副主任兼国家统计局局长宁吉喆介绍，虽然我国人口总量增速有所放缓，总和生育率下降，老龄化程度加深，但总体上看，人口红利依然存在，人才红利优势后发，人们健康水平不断提升。随着人口政策的逐步完善，我国经济发展长期向好。

随着医疗卫生事业改革发展，我国人口身体素质明显提高，有利于劳动力资源发挥作用。目前，我国生育政策已经放开：放开二胎，鼓励三胎。"全面二孩"政策实施以来，我国出生人口数量明显回升。在中国的人口红利面临拐点的时候，国家更加注重提高劳动力的素质，以应对人口红利消减和老龄化加剧带来的"未富先老"的挑战。当下国家实施三孩生育政策及配套支持措施，有助于促进出生人口增加，改善人口年龄结构，实现人口长期均衡发展。

当下的慈善事业，一定要与城乡社区居民的生活和需求紧密相连，想民之所想，急民之所急，从源头和结果上解决城乡社区面临的根本性问题，围绕建设共建、共治、共享的治理格局，以民心和民生为主要落脚点，寻找人们的需要与福祉，不断满足人民日益增长的美好生活需要，形成有效的社会治理、良好的社会秩序，使人民有更多的获得感、幸福感和安全感。

参考文献

［1］胡仕波：《慈善、信托与家族传承》，法律出版社2022年版。

［2］深圳国际公益学院家族传承研究课题组：《中国家族慈善指南》，时代华文书局2021年版。

［3］[英]阿德里安·萨金特、尚悦：《慈善筹款原理与实践》，孔德洁、顾昊哲、叶盈等译，广西师范大学出版社2021年版。

［4］杨团、朱健刚：《慈善蓝皮书：中国慈善发展报告（2022）》，社会科学文献出版社2022年版。

［5］周中之：《慈善伦理：文化血脉与价值导向》，上海三联书店2021年版。

［6］[美]保罗·布雷斯特、何豪：《基金会管理译丛·善款善用：聪明慈善的战略规划》，李存娜译，中国劳动社会保障出版社2013年版。

［7］彭小兵：《公益慈善事业管理（第2版）》，电子工业出版社2018年版。